MOTOI ONO

PRAJÑĀKARAGUPTAS ERKLÄRUNG DER DEFINITION GÜLTIGER ERKENNTNIS (PRAMĀṆAVĀRTTIKĀLAṂKĀRA ZU PRAMĀṆAVĀRTTIKA II 1–7)

ÖSTERREICHISCHE AKADEMIE DER WISSENSCHAFTEN
PHILOSOPHISCH-HISTORISCHE KLASSE
SITZUNGSBERICHTE, 678. BAND

Beiträge zur Kultur- und Geistesgeschichte Asiens

Nr. 34

ÖSTERREICHISCHE AKADEMIE DER WISSENSCHAFTEN
PHILOSOPHISCH-HISTORISCHE KLASSE
SITZUNGSBERICHTE, 678. BAND

MOTOI ONO

Prajñākaraguptas Erklärung der Definition gültiger Erkenntnis (Pramāṇavārttikālaṃkāra zu Pramāṇavārttika II 1–7)

(Materialien zur Definition
gültiger Erkenntnis in der Tradition
Dharmakīrtis 3)

Teil I

Sanskrit-Text und Materialien

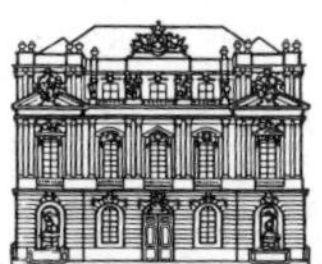

VERLAG DER
ÖSTERREICHISCHEN AKADEMIE DER WISSENSCHAFTEN
WIEN 2000

Vorgelegt von w. M. ERNST STEINKELLNER
in der Sitzung am 10. Dezember 1999

Die Deutsche Bibliothek - CIP-Einheitsaufnahme

Prajñākaraguptas Erklärung der Definition gültiger Erkenntnis (Pramāṇavārttikālaṃkāra zu Pramāṇavārttika II 1 - 7) / Motoi Ono. - Wien : Verl. der Österr. Akad. der Wiss.

Teil 1. Sanskrit-Text und Materialien. - 2000
(Sitzungsberichte / Österreichische Akademie der Wissenschaften, Philosophisch-Historische Klasse ; Bd. 678)
(Materialien zur Definition gültiger Erkenntnis in der Tradition Dharmakīrtis ; 3)
(Beiträge zur Kultur- und Geistesgeschichte Asiens ; Nr. 34)
ISBN 3-7001-2890-8

ISBN 3-7001-2890-8

Druck: Ferdinand Berger & Söhne Ges.m.b.H., A-3580 Horn

vicāryamāṇaṃ hi sakalam eva viśīryate.
nādvaitād aparaṃ tattvam asti.
tad eva krameṇa bhagavatā vicāryate,
akrameṇa vicārayitum aśakyatvāt.

Prajñākaragupta

Inhalt

Einleitung

Der von Prajñākaragupta (ca.750-810)[1] verfaßte Pramāṇavārttikālaṃkāra ist eigentlich ein Kommentar zu Dharmakīrtis (ca.600-660) Pramāṇavārttika, aber darüber hinaus vor allem bedeutsam durch die von Prajñākaragupta vertretenen eigenen Lehren und originellen Interpretationen zu den verschiedenen Themen der logisch-erkenntnistheoretischen Schule des indischen Buddhismus. Der hier behandelte Anfang seines Werkes (PVA 3,1-32,15; Ms 1b1-12b7) beschäftigt sich mit der Definition der gültigen Erkenntnis (*pramāṇalakṣaṇa*), zu der Prajñākaragupta eine Fülle von überraschenden Gedanken beiträgt. Der vorliegende erste Teil beinhaltet eine kritische Textedition, und der zweite Teil wird aus einer deutschen Übersetzung bestehen, die in den Anmerkungen vor allem philologisch abgesichert wird.

1. Zum Titel des Textes

Das Werk wurde bisher gewöhnlich mit zwei Titeln bezeichnet, als 'Pramāṇavārttikabhāṣya' und als 'Pramāṇavārttikālaṃkāra'. Aber ich möchte hier lieber den Titel 'Pramāṇavārttikālaṃkāra' wählen. Der Grund dafür ist wie folgt:

Erstens kommt dieser Titel am Ende der Kapitel im Manuskript wirklich vor.[2] Weiters zeigen der am Anfang der tibetischen Übersetzung gestellte Titel des Werkes[3] und die Titel der

---

[1] Bezüglich der Datierung Prajñākaraguptas vgl. die Einleitung des zweiten Teiles.

[2] Vgl. Ms 82a(2)2: *Pramāṇavārttikālaṃkāre pramāṇasiddhiparicchedaḥ prathamaḥ* (vgl. *Tshad ma rnam 'grel gyi rgyan las / tshad ma grub pa źes bya ba'i le'u ste* (D : *ste* fehlt P) *daṅ po'o* T(Te) 183b2); Ms 231b2: *Pramāṇavārttikālaṅkāre dvitīyaḥ paricchedaḥ* (vgl. aber *Tshad ma rnam 'grel gyi 'grel pa las / mṅon sum gyi le'u ste gsum pa'o* (D : *gsum pa rdzogs so* P) T(The) 145a1); Ms 314b6f.: *Pramāṇavārttikālaṅkāre bhāṣye parārthānumānaparicchedaś caturthaḥ* (vgl. aber *Tshad ma'i bśad pa'i* (P : *pa* D) *chen po rnam 'grel gyi rgyan las le'u bźi pa'o* T(The) 343a5).

[3] Vgl. *rgya gar skad du / Pra mā ṇa barti kā laṃ kā ra / bod skad du / Tshad*

Kommentare zu diesem Werk,[4] daß es 'Pramāṇavārttikālaṃkāra' genannt wurde. Außerdem zitieren die späteren jinistischen Autoren wie Vādirāja Sūri diesen Text oft mit dem Namen 'Alaṃkāra' oder 'Vārttikālaṃkāra' und nennen Prajñākaragupta 'Alaṃkārakāra/-kṛt'.[5]

Für den Titel 'Pramāṇavārttikabhāṣya' gibt es hingegen keinen Beleg. Der vollständige Titel des Werkes scheint zwar 'Pramāṇavārttikālaṃkārabhāṣya' zu lauten, wie er am Ende des Sanskrit-Manuskriptes vorkommt.[6] Jedoch läßt sich die Bezeichnung 'Pramāṇavārttikabhāṣya' nirgendwo in der Tradition finden, während der Titel 'Pramāṇavārttikālaṃkāra', selbst wenn er ein abgekürzter Titel wäre, in der indischen Tradition wirklich benutzt wird und auch der tibetischen Tradition besser entspricht.[7]

---

ma rnam 'grel gyi rgyan T(Te) 1b1f.

[4] Vgl. 1.3.

[5] Vgl. z.B. NVinVi I 19,14; 117,12f.; 175,20; 177,4; 185,12; 430,23; II 146,17;21; 161,23; 175,16; 262,18; 268,28; 342,27.

[6] Vgl. Ms 314b7: *samāptañ cedaṃ Pramāṇavārttikālaṅkārabhāṣyam iti.* Nach dem Tibetischen hingegen scheint er *Pramāṇamahābhāṣyavārttikālaṃkāra zu sein (vgl. *Tshad ma'i bśad pa chen po rnam 'grel gyi rgyan* (D : *rgyan las* / P) *slob dpon chen po śes rab 'byuṅ gnas sbas pa'i źal sṅa nas kyi mdzad pa rdzogs so* T(The) 343a5f.).

Die Bezeichnung 'Bhāṣyakāra', die die Nachfolger Prajñākaraguptas wie Jñānaśrīmitra, Ratnakīrti und Yamāri oft für Prajñākaragupta benutzen, dürfte aus diesem vollständigen Titel stammen. Vgl. z.B. JNA 154,24; 227,18; 365,10; 367,6; 398,5; 414,13 (*bhāṣyakṛt*); 461,14; 462,17; 506,8; 509,13; 512,9; 552,16; RNA 31,22; 137,8; 147,29; 149,15; Y(Phe) 341b2; (Be) 82a6; (Tse) 94b2 usw.: *bŚad pa byed/mdzad pa.* Ratnakīrti benutzt aber auch den Namen 'Alaṃkārakāra' (vgl. RNA 47,31; 140,11), wie auch Mokṣākaragupta (vgl. TBh[2] 17,1; 18,14; 63,20; 70,9). Prajñākaragupta selbst hingegen benutzt den Namen Bhāṣyakāra hauptsächlich, um einen Gegner, nämlich Śabarasvāmin, zu nennen (vgl. z.B. PVA 479,10 (vgl. Y(Tse) 24b5); 590,24 (vgl. Y(Tse) 217b1f.). Im PVA 510,18 bedeutet aber 'Bhāṣya' wahrscheinlich das Nyāyabhāṣya.

[7] Vgl. auch den Beinamen von Prajñākaragupta in Tibet: *rGyan mkhan po.*

2. Zum Text

Der Sanskrit-Text des Pramāṇavārttikālaṃkāra wurde 1953 von Rāhula Sāṅkṛtyāyana, dem Entdecker der Manuskripte dieses großen Werkes, ediert und publiziert. Es ist aber seit langem bekannt, daß diese Edition nicht nur viele Fehler enthält, sondern auch nicht alle verfügbaren Zeugnisse für den Text genützt hat.[8] Eine neue, kritische Edition ist also als Grundlage für jede weitere Arbeit notwendig. Zu ihrer Erstellung wurden neben dem Manuskript, der tibetischen Übersetzung und den Kommentaren auch alle anderen Textquellen, vor allem sekundäre Textzeugen benutzt.

2.1. Das Sanskrit-Manuskript

Sāṅkṛtyāyana hat für seine Edition zwei Manuskripte benutzt.[9] Eines von diesen, das nur den letzten Teil des Pratyakṣa-Kapitels enthält, ist für die vorliegende Arbeit nicht maßgeblich. Das andere hingegen, das den gesamten Text umfaßt, war mir als Photokopie zugänglich.[10] Diese Kopie ist zwar oft unklar, aber gut genug, um die Lesefehler der Erstausgabe zu korrigieren.[11]

---

[8] Vgl. FRAUWALLNER 1957. Neulich wurde eine neue Ausgabe eines Teiles des Pramāṇavārttikālaṃkāra, die die von mir behandelte Stelle umfaßt, von S. Yogīndrānanda zusammen mit einem Hindī-Kommentar in Indien publiziert (vgl. Yo). Diese Ausgabe bietet nur den Text der Sāṅkṛtyāyana-Edition, ohne neues Material zu bringen. An einigen wenigen Stellen schlägt Yogīndrānanda eigene Verbesserungen vor und korrigiert einen Teil der Druckfehler der alten Ausgabe. Alle diese Verbesserungsvorschläge sind in den Anmerkungen des Textes notiert.

[9] Vgl. PVA: Hindī-Einleitung *tha-dha*; MUCH 1988: 23f.

[10] Kopie nach der Kopie in der Sammlung des Instituts für Indologie und Buddhismuskunde der Universität Göttingen, die für das Institut für Tibetologie und Buddhismuskunde der Universität Wien gemacht wurde. Das originale Filmnegativ liegt in the Bihar Research Society (vgl. MUCH 1988: Nr.28).

[11] Kurz vor der Fertigstellung dieser Arbeit wurde die langerwartete Faksimile-Ausgabe des Pramāṇavārttikālaṃkāra, die auf dem oben genannten Filmnegativ beruht, in Japan publiziert (vgl. Ms). Dieses Faksimile ist viel klarer als die Photokopie, die ich früher benutzt habe. Ich konnte damit viele Unklarheiten beseitigen.

Kopist dieses Manuskriptes ist der berühmte Dānaśīla, der die Zerstörung von Vikramaśilā erfahren zu haben scheint und danach nach Tibet gekommen war, wo er viele Tibeter, darunter den Sa kya Paṇḍita Kun dga' rgyal mtshan, unterrichtet hat.[12] Es ist auffallend, daß er neben den Korrekturen einige Anmerkungen als Marginalien beigefügt hat.[13] Diese Anmerkungen sind zwar im Vergleich mit den marginalen Anmerkungen von Vibhūticandra zu Manorathanandins Pramāṇavārttikavṛtti nur wenige, aber interessant genug, weil sie teilweise den Erklärungen eines Kommentators des Pramāṇavārttikālaṃkāra, nämlich denen von Yamāri, entsprechen.[14]

2.2. Die tibetische Übersetzung

Die Entstehungsgeschichte der tibetischen Übersetzung des Pramāṇavārttikālaṃkāra ist etwas kompliziert. Im Kolophon gibt es zwei verschiedene Beschreibung der Umstände der Übersetzung.[15] Nach dem ersten Teil des Kolophons wurde er zunächst von Skal ldan rgyal po und Blo ldan śes rab ins Tibetische übersetzt und im weiteren von Kumāraśrī und 'Phags pa śen (P : 'Phags pa śes rab D) revidiert. Im zweiten Teil des Kolophons hingegen steht, daß er zunächst von sKal ldan rgyal po und Blo ldan śes rab übersetzt, und dann von Sumatira und wiederum Blo ldan śes rab revidiert wurde.[16]

Sie ist jedenfalls im Grunde eine sehr gute Übersetzung. Überdies scheint der Sanskrit-Text, auf dem die tibetische Übersetzung beruht, sich vom überlieferten Sanskrit-Text fast nicht zu unterscheiden. Es gibt nämlich im Vergleich beispielsweise zu Arcaṭas Hetubinduṭīkā nur geringe Abweichungen zwischen dieser tibe-

---

[12] Vgl. JACKSON 1987: I, 111. Zu seiner Persönlichkeit vgl. PVA: Einleitung: xiii.

[13] Sāṅkṛtyāyana kennzeichnet diese marginalen Bemerkungen von Dānaśīla in seinen Anmerkungen des edierten Textes mit dem Merkzeichen '*tatraiva*'.

[14] Z.B. PVA 229 Anm.1-2 entspricht Y(Me) 173a6ff.

[15] Vgl. MEJOR 1991: 191f.

[16] Für die Interpretation dieser zwei Beschreibungen des Kolophons stellt Prof. van der Kuijp eine interessante Hypothese auf (vgl. KUIJP 1983: 31f.).

tischen Übersetzung und dem Sanskrit-Text. Diese Verläßlichkeit begründet die große Bedeutung für die Textkritik. Der Text dieser Übersetzung ist, wie auch im Falle von Dharmakīrtis Hetubindu, in der Derge-Ausgabe, soweit ich sehe, besser als in der Peking-Ausgabe.[17] In der letzteren fehlen manchmal ganze Sätze. Weil es aber trotzdem einige Stellen gibt, für die die Peking-Ausgabe offensichtlich besser ist als die Derge-Ausgabe, erweist es sich dennoch als notwendig, für die Textkritik mindestens diese beiden Ausgaben zu vergleichen.[18]

2.3. Zitate und andere Textzeugen

Der Einfluß von Prajñākaraguptas Pramāṇavārttikālaṃkāra auf die spätere Literatur der indischen Philosophie ist deutlich spürbar. Von den buddhistischen Philosophen zitieren z.B. Jñānaśrīmitra, Ratnakīrti, Mokṣākaragupta u.a. Sätze und Verse des Pramāṇavārttikālaṃkāra als autoritativ. Vom Gesichtspunkt der Textkritik aus sind die folgenden Werke besonders wichtig, weil sie viele Zitate und Texte aus unserem Werk in sekundärer Verwendung enthalten: Raviguptas *Pramāṇavārttikavṛtti, Vidyānandas Aṣṭasahasrī und Bhāsarvajñas Nyāyabhūṣaṇa. Die entsprechenden Stellen aus diesen Werken sind im Text mit dem Zeichen 'A+Ziffer' gekennzeichnet und in einem Anhang vorgelegt.

2.3.1. Raviguptas *Pramāṇavārttikavṛtti (R)[19]

Zunächst ist festzustellen, daß man in Raviguptas Kommentar zum Pramāṇasiddhi-Kapitel von Dharmakīrtis Pramāṇavārttika viele Stelle unsres Textes in sekundärer Verwendung finden kann. Das heißt, sie sind nicht als Zitate eingeführt, sondern Ravigupta hat Formulierungen Prajñākaraguptas bei der Abfassung

---

[17] Vgl. HB: Einleitung: 21. Dennoch verweise ich im Regelfall auf die Peking-Ausgabe, weil ich es auch im Falle von Yamāris Kommentar so machen will (vgl. Anm. 46).

[18] Außerdem ist zu bemerken, daß die Cone-Ausgabe wie üblich fast gleich mit der Derge-Ausgabe ist. Die Narthang-Ausgabe war mir nicht zugänglich.

[19] *Tshad ma rnam 'grel gyi 'grel pa źes bya ba* (Peking Nr.5726; Derge Nr.4224).

seines Werkes mitverwendet. Raviguptas Kommentar ist, entgegen der Auffassung einiger Forscher,[20] ein Kommentar zum Pramāṇavārttika selbst, ebenso wie sein Kommentar zum Pratyakṣa-Kapitel des Pramāṇavārttika,[21] auch wenn er doch wahrscheinlich, wie die Überlieferung sagt, ein direkter Schüler von Prajñākaragupta gewesen ist[22] und sich bei der Abfassung seiner Kommentare zum Pramāṇavārttika stark auf das Werk seines Lehrers gestützt hat. Man kann in der Tat so viele mit dem Alaṃkāra gleiche oder sehr ähnliche Stellen in der Pramāṇavārttikavṛtti des Ravigupta finden, daß man vermuten kann, daß Ravigupta auf Grundlage des Werkes von Prajñākaragupta unter Weglassung der weiter entwickelten Diskussionen seines Lehrers einen einfachen Kommentar verfassen wollte.[23] Aber Ravigupta kommentiert doch teilweise auf andere Weise als sein Lehrer und führt manchmal dabei einen neuen Gesichtspunkt ein.[24] Deshalb kann man nicht einfach sagen, daß die Pramāṇavārttikavṛtti des Ravigupta eine bloße Verknappung des Pramāṇavārttikālaṃkāra ist. Für den vorgelegten Text findet man hauptsächlich im ersten und zweiten Pramāṇalakṣaṇa-Abschnitt (1,10-14,13; 53,1-84,15) viele solche von Ravigupta sekundär verwendete Stellen.[25]

---

[20] Vgl. STCHERBATSKY 1932: 47; R(D): Contents.

[21] Peking Nr.5722; Derge Nr.4225. Vgl. TOSAKI 1979: 31.

[22] Vgl. TOSAKI 1979: 31; Y(Phe) 232b7f.

[23] Vgl. TOSAKI 1979: 31. Außer Ravigupta gibt es vielleicht einige andere Kommentatoren, die das Pramāṇavārttika grundsätzlich unter dem Einfluß von Prajñākaragupta erklärt haben und deshalb als **Bhāṣyānusārin* bezeichnet worden sind. Vgl. z.B. Y (Tse) 151a2ff. ad PV IV 175a: *gźan dag ni bŚad pa'i rjes su 'brańs gźan du 'chad de / gal te sgra la mi rtag pa ñid kyi gtan tshigs dań ldan par gyur pas /* ***de ltar*** *źes bya ba thams cad mi rtag pa'i phyir ro źes brjod par byed na / de'i tshe* ***de ltar*** *źes bya ba gźan gyi mńon par 'dod pa'i gtan tshigs dań dam bca' ba 'gal bas phyogs de ni bzlog par te bsal bar 'gyur ro //* Es ist aber nicht ganz unmöglich, daß dieser **Bhāṣyānusārin* (*bŚad pa'i rjes su 'brańs*) Ravigupta selbst sein könnte. Aber in diesem Fall müßte man annehmen, daß es auch einen Kommentar von Ravigupta zum Parārthānumāna-Kapitel des Pramāṇavārttika gegeben hat.

[24] Z.B. bespricht er im Kommentar zu PV II 4d-5a (vgl. R 145b1ff.) ziemlich ausführlich die Ungültigkeit (**aprāmāṇya* =*tshad ma ma yin pa*), die Prajñākaragupta nicht besonders behandelt.

[25] Auch in den anderen Kommentaren zum Pramāṇavārttika, wie der Pramāṇa-

2.3.2. Vidyānandas Aṣṭasahasrī (AS)

Wie der Herausgeber von Śālikanāthas Prakaraṇapañcikā in der Einleitung erwähnt,[26] enthält Vidyānandas Kommentar zu Akalaṃkas Aṣṭaśatī, nämlich die Aṣṭasahasrī, viele Zitate aus dem Abschnitt in Prajñākaraguptas Pramāṇavārttikālaṃkāra, in dem die Niyoga-Lehre der Prābhākaras widergelegt wird. Diese Zitate reichen bis zu der Stelle, wo die Widerlegung der Bhāvanā-Lehre der Bhāṭṭa-Schule einsetzt. So finden sich zu den Niyoga- und Bhāvanā-Abschnitten des Pramāṇavārttikālaṃkāra (14,15-52,2) zahlreiche Zitate in der Aṣṭasahasrī.[27] An Stellen, in denen die Lesart des Aṣṭasahasrī-Zitates besser als die des Sanskrit-Textes des Pramāṇavārttikālaṃkāra sein dürfte, verbessere ich den Text im Anschluß an die Lesart der Aṣṭasahasrī.

2.3.3. Bhāsarvajñas Nyāyabhūṣaṇa (N)

Bhāsarvajña zitiert viele Abschnitte und Wendungen aus dem Pramāṇavārttikālaṃkāra in seinem Nyāyabhūṣaṇa und kritisiert die Meinung Prajñākaraguptas. Von diesen Zitaten sind die Materialien, die vor allem aus dem Anfang des Pramāṇasiddhi-Kapitels, nämlich den sogenannten Pramāṇalakṣaṇa- und Īśvaradūṣaṇa-Abschnitten (PVA 3,1-50,16) stammen, bereits von Prof. Watanabe gesammelt worden.[28] Im Rahmen der vorliegenden Arbeit konzentrieren sich diese Materialien hauptsächlich auf den zweiten Pramāṇalakṣaṇa-Abschnitt (63,14-78,7). Wie im Falle der Aṣṭasahasrī-Zitate verbessere ich manchmal den Sanskrit-Text des Pramāṇavārttikālaṃkāra im Anschluß an die Lesart des Nyāyabhūṣaṇa. Dabei habe ich auch das Manuskript des Nyāyabhūṣa-

---

vārttikavṛtti des Manorathanandin (PVV), aber auch in anderen Werken der logisch-erkenntnistheoretischen Schule, wie der Tarkabhāṣā (TBh; TBh²), kann man auch derartige Stellen finden. Ich habe auch diese Materialien möglichst vollständig gesammelt und in den Anmerkungen der Übersetzung vorgelegt.

[26] Vgl. PrP: Einleitung; vgl. auch MIKOGAMI 1971: Anm.1.

[27] Aus der anderen jinistischen Literatur wie dem Nyāyaviniścayavivaraṇa (NVinVi) habe ich die Zitate von Prajñākaragupta soweit wie möglich gesammelt und in den Anmerkungen zum Text vermerkt.

[28] Vgl. WATANABE 1976.

ṇa (NMs) benutzt, weil der edierte Text des Nyāyabhūṣaṇa selbst ziemlich problematisch ist.[29]

3. Die Kommentare

Zum Pramāṇavārttikālaṃkāra liegen zwei Kommentare vor, die ursprünglich in Sanskrit verfaßt wurden, zur Zeit aber nur in ihrer tibetischen Übersetzungen erhalten sind:[30]

1. Jayanta (rGyal ba can)[31]: Tshad ma rnam 'grel gyi rgyan gyi 'grel bśad (*Pramāṇavārttikālaṃkāraṭīkā) (Peking Nr. 5720; Derge Nr. 4222)

2. Yamāri[32]: Tshad ma rnam 'grel gyi rgyan gyi 'grel bśad śin tu yoṅs su dag pa śes bya ba (*Pramāṇavārttikālaṃkāraṭīkā supariśuddhī nāma) (Peking Nr. 5723; Derge Nr. 4226)

Außerdem können wir nicht gänzlich ausschließen, daß es außer diesen beiden erhaltenen Kommentaren andere Kommentare gegeben hat.[33] Hinsichtlich der Kommentare, die in Tibet geschrie-

---

[29] Ich konnte das Manuskript (Mikrofilm des Manuskriptes des Śrī-Hemacandrāchārya Jaina Jñāna Maṃdira, Pāṭaṇa, Laheru Vakīla Jaina Jñānabhaṃdāra, Nr. 10717) benutzen, von dem Dr. Ernst Prets eine Kopie beschafft hat. Ich danke Dr. Prets hier herzlichst dafür, daß er mir die Gelegenheit geboten hat, das Manuskript einzusehen.

[30] Der originale Sanskrit-Text des Kommentars von Yamāri könnte in Lhasa erhalten sein (vgl. STEINKELLNER/MUCH 1995: Einleitung: XX).

[31] Zum Namen vgl. 3.1.

[32] Obwohl seit Vidyābhūṣaṇa (VIDYABHUSANA 1921: 343f.) als Namen dieses Kommentators weithin 'Yamāri' angenommen wird, ist nicht gänzlich gesichert, daß dies die korrekte Schreibweise ist, da die tibetische Transkription meistens die Form 'Jamāri' stützen dürfte (vgl. den Kolophon dieses Kommentars usw.). Da die Schreibarten 'Yamāri' und 'Jamāri' allerdings wegen der palatalisierenden Aussprache im Mittelindischen miteinander wechseln können (vgl. HINÜBER 1986: 92) und der Name 'Yamāri' sinnvoller zu sein scheint (d.h. "der Feind des Yama"), schließe ich mich der Vermutung an, daß 'Yamāri' der richtige Name ist. Daher möchte ich hier im Anschluß an die Forschungstradition den Namen 'Yamāri' benutzen.

[33] Z.B. scheint Jayanta oft auf andere Kommentatoren hinzuweisen (vgl. z.B. J(Ne) 55b1: *bŚad pa byed pa gźan*; J(Ne) 57a3, 64b8, 66b7, 76b1: *kha cig*; J(Ne) 319b6: *gźan dag*). Aber in diesen Fällen könnte es sich auch um andere Kommentatoren zum Pramāṇavārttika wie Devendrabuddhi handeln.

ben worden sein dürften, haben wir nur geringe Informationen.34 Im Vergleich zu Dharmottara scheint Prajñākaragupta (geschweige denn die Kommentare zu ihm) in Tibet nicht so oft gelesen worden zu sein, wie Stcherbatsky angedeutet hat.[35] Eine Ausnahme ist wahrscheinlich die Zeit von Blo ldan śes rab, der neben dem Pramāṇaviniścaya und der Pramāṇaviniścayaṭīkā sowohl den Pramāṇavārttikālaṃkāra selbst als auch Yamāris Kommentar übersetzt hat, und seinen nahen Anhängern.[36]

3.1. Jayantas Kommentar (J)

Der Name des Autors des älteren Kommentars, der von den Tibetern als rGyal ba can übersetzt worden ist, wurde bisher meist als Jina ins Sanskrit rückübersetzt. Das ist aber offensichtlich falsch. Er heißt vielmehr wahrscheinlich Jayanta, denn der zweite Kommentator, Yamāri, weist manchmal in seinem Kommentar unter diesem Namen (die tibetische Übersetzung gibt ihn glücklicherweise in seiner Sanskrit-Form wieder!) auf Interpretationen hin, die man tatsächlich im Kommentar des rGyal ba can identifizieren kann, und die Yamāri gegebenenfalls auch kritisiert.[37]

---

[34] Red mda' ba, ein Lehrer von Tsoṅ kha pa, scheint einen Kommentar des Pramāṇavārttikālaṃkāra geschrieben zu haben. Vgl. KASCHEWSKY 1971: I, 99; II, 399.

[35] Vgl. STCHERBATSKY 1932: 45.

[36] Aber Tibeter der späteren Zeit haben diese Werke nicht vergessen. Z.B. gibt Go ram pa die Darstellung dieser beiden Kommentare zur Reihenfolge der Kapitel von PV (vgl. KIMURA 1989).

[37] Als Beispiele kann man auf die folgenden sechs Stellen hinweisen.

(1) Y(Phe) 215a3ff.: *gaṅ yaṅ* <u>*Dza*</u> (D : *dzā* P) <u>*yan ta*</u> *na re / 'di ni 'chad par 'gyur ba'i bstan bcos mtha' dag gi don dam 'cha' ba yin la / de yaṅ gźan don gyi rjes dpag yin pa'i phyir / sgra mi rtag ste źes bya ba la sogs pa gźan du tshad ma yin no // dam bca' ba yaṅ rjes su dpag pa'i yul ñe bar ston pa'i phyir / rjes su dpag pa ñid do 'o na ji ltar bkag ce* (P : *ca* D) *na / khyab pa brjod pa can gyi gtan tshigs la mi mkho ba'i phyir ro źes zer ro //* = J(De) 9b6ff.: *'chad par 'gyur ba'i bstan bcos ma lus pa'i don du dam bcas pa yin la / de rnams kyaṅ gźan gyi don gyi rjes su dpag pa yin pa'i phyir sgra mi rtag ste źes bya ba la sogs pa daṅ 'dra bar tshad ma yin te / rjes su dpag pa'i yul bstan par dam bcas pa'i phyir rjes su dpag pa ñid yin pa de lta na ci'i phyir dgag / smras pa khyab par byed pa'i gtan tshigs la mi dgos pa'i phyir źes 'chad par 'gyur ba'o //*

(2) Y(Tse) 50a2f.: *phyir rgol ba la bltos nas ni 'bras bu med par 'gyur te / grub pa la bsgrub pa'i phyir ro źes bya ba ni* Dza ya nta'i (D : *yan ta'i* P) *bśad pa'o* = J(Ne) 279b7: *'bras* (D : *'bres* P) *med ni phyir rgol ba ste grub pa la bsgrub pa'i phyir ro //*

(3) Y(Tse) 88b5f.: *byas pa ste 'jig rten pa rnams daṅ / ma byas pa 'jig rten pa ma yin pa ste skyes bus ma byas pa'i phyir ro źes bya ba ni* Dza ya nta'i (D : *yan ta'i* P) *bśad pa'o // brda byas pa daṅ gźan dag ces bya ba ni* 'Grel pa mkhan *gyi'o //* = J(Ne) 298b3f.: *byas pa* (P : pa *fehlt* D) *daṅ źes bya ba ni 'jig rten pa'i rnams so // ma byas pa rnams ni skyes bus ma byas pa'i phyir ro źes bya ba ni* rGyal ba can *gyi'o / byas pa ste brdar byas pa rnams daṅ gźan rnams so źes bya ba ni* 'Grel pa*'i'o //*

(4) Y(Tse) 103b8ff.: Dza ya ntas (D : *yan tas* P) *kyaṅ bśad pa gźan byas pa ni / gal te bum pa la sogs pa 'ga' źig la zla ba ma yin pa ñid dṅos po'i stobs kyis zla ba ñid bsñon pa* (D : | *pa* P) *de la grub na / de'i tshe zla ba ñid de yaṅ ri boṅ can la de kho na bźin 'grub par 'gyur ro // ci'i phyir że na / bum pa la sogs pa la /* (P : | fehlt D) *grags pas grub pa'i zla ba ma yin pa ñid khas len na /* (P : | fehlt D) *ri boṅ can la zla ba ñid bzlog pa med pa'i phyir te / rigs pa mtshuṅs pa'i phyir ro źes so //* = J(Ne) 303b4ff.: ***la lar*** *źes bya ba ni bum pa la sogs pa la'o* (D : *pa'o* P) *|/ dṅos stobs las yin źes bya ba ni de yaṅ ri boṅ can la zla ba ñid de ñid du 'grub par 'gyur ro // ci las śe na / grags pas grub pa źes bya ba ste / grags pas grub pa zla ba ñid ma yin pa bum pa la sogs pa khas len na ri boṅ can ma yin pa zla ba ñid ma bkag pa'i phyir te / rigs pa la khyad par med pa'i phyir ro* (D : *ro* fehlt P) *źes bya ba ni* rGyal ba can *gyi'o //*

(5) Y(Tse) 150b8ff.: ***mi rtag gtan tshigs daṅ ldan pas*** *źes* (P : *|/ źes* D) *bya ba'i* (D : *ba'i |/* P) rNam 'grel *gyi don* Dza ya ntas (D : *Dzi yan tas* P) *bśad pa ni / gal te sgra ñid la mi rtag pa ñid daṅ / des kyaṅ gtan tshigs daṅ ldan par brjod par byed na / de'i tshe de ltar te thams cad mi rtag pa yin pa'i phyir źes bya bas phyogs de bsal bar 'gyur ro źes bya ba'o //* = J(Ne) 315a4f.: *thams cad mi rtag pa'i phyir źes bya bas de ni de ltar bzlog par 'gyur te / gal te sgra ñid mi rtag pa ñid yin pa des ni gtan tshigs daṅ ldan pa ñid du brjod* (P : *rjod* D) *par byed na źes bya ba ni* rGyal ba can *gyi'o //*

(6) Y(Tse) 170b3ff.: Dza ya ntas *ni rnam pa gźan du 'chad de / gal te kun rdzob tu tha dad par khas len na de'i tshe* (D : *tshe* fehlt P) *chos la sogs pa'i* (P : *pa* D) *tha dad pa dṅos po thams cad la ma grub par ci ltar brjod / kun rdzob tu grub pa gaṅ yin pa de yaṅ don dam par grub pa kho na yin no sñam du dogs na* ***don dam par*** (D : *pa* P) ***rnam par dpyad na*** *ni / rigs la sogs pa gsal ba daṅ* ***de ñid*** *de / de'i bdag ñid dper na* (D : *na* fehlt P) *ba laṅ khra bo yin no* (D : *no //* P) *źes bya ba daṅ /* ***gźan ñid*** *de rigs la sogs pa gsal ba la tha dad pa / dper ni 'di'i ba laṅ ñid ces bya ba de ñid daṅ* (P : *raṅ* D) *gźan ñid 'gog par 'gyur ro // gtan tshigs gaṅ gis 'gog sñam na / mṅon sum gyis de lta bur gyur pa ma grub pa'i phyir ro // yul gaṅ la gnas nas 'gog sñam na /* ***kun rdzob pa'i dṅos rnams la*** *ste rtog pa'i bag chags las byuṅ ba rnams la'o źes so //* = J(Ne) 319b3ff.: *gal te kun rdzob tu rnam par dbye ba yod na dṅos po thams cad la chos la sogs pa'i dbye ba ji ltar ma grub pa yin źes zer ba la /* ***don dam par ni***

Deswegen ist als Name für den ersten Kommentator des Pramāṇavārttikālaṃkāra Jayanta anzunehmen.

Die Zeit seiner Tätigkeit ist also sicherlich früher als die von Yamāri und vielleicht auch früher als die von Jñānaśrīmitra,[38] und wahrscheinlich später als Ravigupta, der ein direkter Schüler von Prajñākaragupta sein müßte. Genauer kann man sie aber im Moment nicht bestimmen, und es kann vorläufig nur das 10. Jh. vorgeschlagen werden.

Jayantas Kommentar ist, im Vergleich zu Yamāris Arbeit, insgesamt kürzer. Aber für das erste Kapitel, das Pramāṇasiddhi-Kapitel, ist sein Kommentar eineinhalbmal umfangreicher als der Yamāris. Das heißt: Während Yamāri alle drei Kapitel durchschnittlich mit der gleichen Ausführlichkeit kommentiert, nimmt Jayanta besonders große Rücksicht auf das erste Kapitel. Im zweiten und dritten Kapitel scheint er hauptsächlich die Pramāṇavārttika-Verse Dharmakīrtis zu kommentieren.[39] Jayanta kommentiert – auch im ersten Kapitel – nicht immer regelmäßig Wort für Wort, zitiert statt dessen aber viele Verse aus anderen Werken. Von diesen sind besonders die Zitate von Kumārilas Werke bemerkenswert.[40] Merkwürdig ist, daß der Verfasser vor allem im

---

źes bya ba'o // ***de ñid*** *ces bya ba ni gcig ñid de gsal bas rigs la sogs pa ste ba laṅ ṅo źes bya ba'o* // ***gźan ñid*** *ni ba laṅ ñid ces* (D : *ces ñid ces* P) *bya ba ste 'gog par 'gyur źes bya bar sbyar ro* // *ci las źe na mṅon sum las de ma grub pa'i phyir ro* // *de 'brel pa ñid du gaṅ du gnas pa yin źe na* / ***kun rdzob pa'i rnams la****'o* // *rnam par rtog pa'i bag chags kyi rtog pa las de ltar rtogs pa ni* <u>*rGyal ba can*</u> *gyi'o* //

Außerdem schreibt Yamāri die Auffassung zur Reihenfolge der Kapitel des Pramāṇavārttika, daß das Pramāṇasiddhi-Kapitel das erste sei, einem gewissen Jayanta zu (vgl. Y(Phe) 215b7-216a2; 217a5; 224a1; 236a6). Diese Auffassung findet man tatsächlich im Kommentar unsres Jayanta (vgl. J(De) 2b3-5b3; vgl. auch PVSV Introduction xv, Anm. 1; KIMURA 1989; ONO 1997).

[38] Vgl. Anm. 49.

[39] Diese Tatsache wird wohl auch bestätigt durch die folgende Aussage, die in den Schlußversen des ersten Kapitels steht: *phrag dog sgregs pa'i rlabs 'jigs ruṅ* // *kun rtog chu srin gyis dkrigs pa'i* // *yid kyi rgya mtsho'i dus rlabs la* // <u>*rGyal ba can*</u> *ni mrdzes pa yin* // <u>*rNam 'grel*</u> *daṅ ni de'i* <u>*rGyan gyi*</u> // <u>*'Grel bśad*</u> *yid kyi dri ma dag* // *sel byed 'di mthoṅ rgyal 'gyur źiṅ* // *mkhas pa rnams kyi brgyan du 'gyur* // J(De) 434a5ff.

[40] Besonders zu Themen wie Pramāṇalakṣaṇa, Sarvajñasiddhi, Vijñaptimātratā-

zweiten und dritten Kapitel in der Formulierung ‘rGyal ba can gyi’o’ oft seinen eigenen Namen nennt, und zwar bezüglich von Auffassungen, die wahrscheinlich dem Verfasser eigenartig sind.[41] Weiters nennt Jayanta manchmal eine *Vṛtti (’Grel pa),[42] und betont dabei öfters die Meinungsverschiedenheit gegenüber dieser Vṛtti, indem er seine eigenen Meinungen und die Meinungen der Vṛtti nebeneinander stellt.[43]

Da dieser Kommentar nicht von den Übersetzern des Pramāṇavārttikālaṃkāra, sondern von anderen[44] übersetzt worden ist und überdies der Grundtext, den Jayanta kommentiert, wahrscheinlich Abweichungen vom überlieferten Sanskrit-Text aufgewiesen hat, weichen die Pratīkas in Jayantas Kommentar manchmal vom Grundtext ab. Aber das bedeutet für die Textkritik, daß eine zusätzliche Quelle zum überlieferten Sanskrit-Text und dessen tibetischer Übersetzung zur Verfügung steht. Ich habe diesen Kommentar hauptsächlich genützt, um bei der Textkritik auf mögliche Varianten hinzuweisen und gegebenenfalls damit eine bessere Lesart des Grundtextes zu begründen.

3.2. Yamāris Kommentar (Y)

Im Gegensatz zu Jayantas Kommentar ist einer der Übersetzer von Yamāris Kommentar[45] derselbe wie der des Grundtextes, nämlich Blo ldan śes rab. Und der Text, den Yamāri kommentiert, scheint sich, soweit ich sehe, vom Grundtext fast nicht unterschieden zu haben. Daher stimmen fast alle Pratīkas, die in

---

siddhi werden viele Verse aus dem Ślokavārttika und wahrscheinlich auch aus der Bṛhaṭṭīkā zitiert (vgl. ONO 1996a).

[41] Es sind insgesamt über vierzig Fälle.

[42] Diese Vṛtti dürfte wohl eben das Pramāṇavārttikālaṃkāra sein. Es gibt aber, soweit ich sehe, mindestens eine Stelle, wo Jayanta auch Devendrabuddhis Kommentar ’Grel pa nennt (vgl. J(Ne) 298b3: *byas pa ste brdar byas pa rnams daṅ gźan rnams so źes bya ba’i ’Grel pa’i’o* // = PVP 348a2: *byas pa ’am ste* // *brdar byas pa rnams sam* / *ma byas pa rnams kyi ste* / *brdar ma byas pa can gyi sgra rnams ni’o* //).

[43] Vgl. z.B. J(Ne) 233a4-b6; 255b1-4; 303b5-7; 308b7; 319b6-320a1.

[44] D.i. von Śrī Dīpaṃkararakṣita und Byaṅ chub śes rab.

[45] Der andere ist der indische Paṇḍit Sumati.

Yamāris Kommentar vorkommen, mit der tibetischen Übersetzung des Grundtextes überein. Da dieser Kommentar inhaltlich sehr nützlich für das Verständnis des Grundtextes ist, benutze ich im zweiten Teil dieser Arbeit durchgehend diesen Kommentar. Die Deutungen Yamāris nehme ich soweit an, als sie mir für die Interpretation von Prajñākaraguptas Text nützlich erscheinen. In den Anmerkungen zur Übersetzung zitiere ich immer seine Erklärungen, um die Grundlage meiner Interpretation zu zeigen.[46]

Für die Lebenszeit von Yamāri haben wir im Vergleich zu Jayanta bessere Kenntnisse. Zunächst ist die Lebenszeit eines der Übersetzer dieses Kommentars, nämlich die von Blo ldan śes rab, auf Grund einer tibetischen historischen Quelle mit 1059-1109 festgelegt worden.[47] Also muß dieser Kommentar spätestens bis Ende des 11 Jhs. entstanden sein. Als *terminus post quem* kann man die Zeit der Tätigkeit Jñānaśrīmitras (ca.980-1030)48 annehmen, weil wir in den Beschreibungen Yamāris Termini finden, deren Ursprung wahrscheinlich Jñānaśrīmitra zugeschrieben werden kann.[49] Man könnte daher vielleicht die Überlieferung annehmen, daß Jñānaśrīmitra ein Lehrer des Yamāri gewesen ist.[50]

---

[46] Die tibetische Übersetzung von Yamāris Kommentar ist in der Derge-Ausgabe viel besser als in der Peking-Ausgabe. Trotzdem verwende ich die Peking-Ausgabe als Grundtext, weil es in der Derge-Ausgabe überraschenderweise einige Unordnung gibt, die ich in den Anmerkungen aufzeige.

[47] Vgl. KUIJP 1983: 3.

[48] Vgl. KAJIYAMA 1966: 9.

[49] Vgl. z.B. die Begriffe *upayuktasarvajña* und *sarvasarvajña* (vgl. JNA 330,4f.) in Yamāri: ***gñi ga'i mtshan ñid kyi*** *źes bya ba ni ñe bar mkho ba'i thams cad mkhyen pa daṅ thams cad thams cad mkhyen pa'i mtshan ñid do* || Y(Be) 54a3 (vgl. auch Y(Phe) 269b3, 272b2) Im Gegensatz dazu kommentiert Jayanta die gleiche Stelle in folgender Weise: ***gñis ga'i mtshan ñid la yaṅ*** *źes bya ba ni skyes bu'i don gyi gtso bo śes pa daṅ thams cad kyi śes pa yaṅ ṅo* | J(De) 207b6f. Jayanta benutzt hier nämlich die Wörter *pradhānapuruṣārthajña* und *sarvajña* (das Wort *pradhānapuruṣārthajña* kommt auch schon in TS 3265 vor). Auf Grund dieser Tatsache könnte man vielleicht vermuten, daß Jayanta Jñānaśrīmitra nicht gekannt hätte.

[50] Vgl. STCHERBATSKY 1932: 44f. Außerdem gibt es zu Yamāri einige biographische Beschreibungen in der tibetischen Tradition (vgl. Tāranātha: 247; VIDYABHUSANA 1921: 343f.).

Am Anfang des Pratyakṣa-Kapitels zitiert Yamāri den Mahāyānasūtrālaṃkāra

Unter diesen Umständen möchte ich vorläufig die Lebenszeit von Yamāri mit 1000-1060 ansetzen.[51]

Über den praktischen Nutzen als Kommentar hinaus enthält dieser Kommentar viele Zitate und Nennungen anderer Philosophen sowohl aus dem buddhistischen als auch aus dem brahmanistischen Bereich. Yamāri nennt viele Autoren mit Namen oder unter Verweis auf ihre Werke: Vasubandhu, Dignāga, Nyāyamukhaṭīkākāra, [Pramāṇasamuccaya-]ṭīkākāra, Dharmakīrti, Devendrabuddhi, Śākyabuddhi, Śāntarakṣita, Kamalaśīla, Arcaṭa, Dharmottara, Prajñākaragupta, Ravigupta, Jayanta (rGyal ba can);[52] Patañjali, Akṣapāda, Śabarasvāmin, Bhāravi, Bhartṛhari, Uddyotakara, Śaṅkara[svāmin] (Naiyāyika), Kumārila, Prabhākara, Trilocana.[53] Von diesen sind nicht zuletzt die Nennungen

(vgl. Y(Me)3b2f.), den Madhyāntavibhāga (vgl. Y(Me)2b5f., 3b4f.; dieser Text wird auch im Pramāṇasiddhi-Kapitel zitiert; vgl. Y(Be) 56b4-8 ad PVA 54,19), den Abhisamayālaṃkāra (vgl. Y(Me) 3b7ff.), und das (Mahāyāna-)Uttaratantra (vgl. Y(Me) 4a2f.). Zitate aus dieser Yogācāra-Literatur sind in der Literatur der logisch-erkenntnistheoretischen Schulen, soweit ich weiß, nicht so häufig. Es ist in diesem Sinne auffallend, daß auch Jñānaśrīmitra in seiner Sākārasiddhi oft die oben erwähnten Werke der Yogācāra-Schule zitiert. Diese Tatsache könnte ebenfalls eine nahe Beziehung zwischen Jñānaśrīmitra und Yamāri andeuten.

[51] Es gibt auch eine Stelle in Yamāris Kommentar, die eine Beziehung zwischen Yamāri und Mokṣākaragupta andeuten dürfte (Y(Be) 288a7-b3). Hier stellt Yamāri eine Schlußfolgerung zur *sarvajñasiddhi* dar, und diese Formulierung, die ursprünglich aus Jitāri stammt (vgl. BÜHNEMANN 1982: 15) und auch von Ratnakīrti verwendet wird (vgl. RNA 31,13-20), ist fast identisch mit der Formulierung Mokṣākaraguptas (vgl. TBh^2 62,7-16). Vgl. auch WAKAHARA 1985: Anm. 53.

[52] Z.B.: Vasubandhu =*dByig gñen* Y(Me) 250b4; Nyāyamukhaṭīkākāra =*Rigs pa'i sgo'i ṭīkā byed pa* Y(Tse) 45b7; Pramāṇasamucayaṭīkākāra =*Tshad ma kun las btus pa'i bśad pa byed pa* (The) 63a7; Devendrabuddhi =*Lha dbaṅ blo* Y(Tse) 128a2 (Es gibt viele Nennungen Devendrabuddhis in einem Abschnitt der Einleitung von Yamāris Kommentar, der die Reihenfolge der Kapitel des Pramāṇavārttika behandelt. Vgl. KIMURA 1989; ONO 1997. Yamāri nennt Devendrabuddhi auch *'Grel pa mkhan*: Y(The) 88b6); Śākyabuddhi =*Śā kya blo* Y(Me) 152b8f.; Śāntarakṣita =*Źi ba 'tsho* Y(Be) 56b6; Kamalaśīla Y(Phe) 212b7; Ravigupta =*Ñi ma sbas pa* Y(Phe) 232b7.

[53] Z.B.: Patañjali =*Pa tan jal* Y(Phe) 226a5, 237b1; Śabarasvāmin =*Ri khrod rje* Y(Phe) 304a2, Y(Tse) 24b5, Y(Tse) 217b1f.; Bhāravi ='*Ba' ra bi* Y(Phe) 229b1 (vgl. YOSHIMIZU 1997: 37); Bhartṛhari =*Bhar ti ha ri* Y(Tse) 202a3;

von Arcaṭa und Dharmottara wichtig. Yamāri nennt oftmals beide mit Namen und schreibt zahlreiche gegnerische Meinungen, die von Prajñākaragupta widerlegt werden, diesen beiden zu.[54]

4. Zur Textedition

Grundlage der Edition ist das Manuskript (Ms),[55] wobei immer auch Sāṅkṛtyāyanas Ausgabe (S) berücksichtigt wird. In den Anmerkungen zum Text gebe ich die notwendige Information auf folgende Weise wieder:

Mit Bezug auf die Stelle, die Sāṅkṛtyāyana falsch gelesen hat, zeige ich die richtige Lesart des Manuskriptes in der Form '*xxx* Ms : *yyy* S'. Wenn eine Verbesserung des Manuskriptes nötig ist, dann notiere ich sie in der Form '*xxx verb.* : *yyy* Ms'. Wenn dabei Sāṅkṛtyāyanas Ausgabe bereits das Manuskript korrigiert hat, dann füge ich dem Zeichen '*verb.*' das Zeichen 'S', beziehungsweise 'Se',[56] hinzu ('*verb.*, S : Ms', usw.[57]). Bei Stellen, die in andere Texte übernommen worden sind, verbessere ich das Manuskript im Falle, daß die Lesarten dort besser sind, in der Form '*xxx* AS : *yyy* Ms', usw. Materialien, die die richtige Lesart oder

---

Uddyotakara =*Gsal byed* Y(Tse) 56a5; 285b5, 317a2,4; Śaṅkara[svāmin] =*bDe byed* Y(Me) 173b1; Trilocana =*Tri lo tsa na* Y(Phe) 276a3.

[54] Yamāri nennt Arcaṭa mindestens sechsmal mit Namen, soweit ich das feststellen konnte (vgl. Y(Phe) 319a3, (Phe) 332a1f., (Be) 58b2, (Me) 20a1, (Me) 22b2, (Tse) 54b6). Einige von diesen Stellen scheinen ziemlich wichtig zu sein. Z.B. stellt Yamāri Arcaṭa als Antarvyāptivādin (vgl. HBṬ 62f.; BHATTACHARYA 1986) in Frage (vgl. Y(Tse) 54b6). Vgl. den zweiten Teil. Zu Dharmottara vgl. auch den zweiten Teil.

[55] Die Folio- und Zeilennummern gebe ich im Text durch tiefgestellte Ziffern wieder. Die *recto*- und *verso*-Seiten des Folios sind jeweils durch 'a' und 'b' gekennzeichnet. Tilgungen im Manuskript und Ergänzungen *in margine* habe ich mit dem Zeichen '{ }', beziehungsweise '‹ ›' vermerkt. Ergänzungen des *avagraha* sind normalerweise nicht vermerkt. Konsonantenverdoppelungen nach Semivokal im Ms (z.B. *sar<u>vv</u>a*, *var<u>tt</u>ate*) wurden nicht in den edierten Text übernommen.

[56] D.h. Sāṅkṛtyāyanas Emendation, die er entweder in der Anmerkung oder im Text durch eine Klammer kennzeichnet.

[57] Auch die Verbesserungsvorschläge von Prof. Watanabe und Prof. Yogīndrānanda notiere ich mit dem Zeichen 'W' und 'Yo'.

die Verbesserung unterstützen, gebe ich mit dem Zeichen '*vgl.*' an.

Wenn die tibetische Übersetzung vom Sanskrit-Text abweicht, notiere ich die Abweichung, wobei ich nur die Stelle der Peking-Ausgabe angebe ('*xxx* T'). Wenn die Peking-Ausgabe (T) und die Derge-Ausgabe (T(D)) der tibetischen Übersetzung deutlich verschieden sind,[58] vermerke ich das, wobei der besseren Lesart der Vorzug gegeben wird ('*xxx* T : *yyy* T(D)', usw.).[59]

Bei in anderen Texten zitierten Stellen gebe ich bemerkenswerte Abweichungen in der Anmerkung wieder, ohne sie dem Ms gegenüberzustellen ('*xxx* AS', '*yyy* N', usw.).

Daher gelten im textkritischen Apparat die folgenden Konventionen:

Ms : S	der Lesart des Manuskriptes wird gegenüber der von S der Vorzug gegeben
verb. : Ms	verbessert gegen das Manuskript
verb., S : Ms	verbessert gegen das Manuskript im Anschluß an die stillschweigende Verbesserung Sāṅkṛtyāyanas
verb., Se : Ms	verbessert gegen das Manuskript im Anschluß an die gekennzeichnete Verbesserung Sāṅkṛtyāyanas
T	tibetische Übersetzung (mit Stellenangabe von Peking)

[58] OrthographischeVarianten wie *bsgrub* (P: *sgrub* D), *bslu* (P: *slu* D), *bltos* (P: *ltos* D), *bzlog* (P: *zlog* D) werden nicht berücksichtigt, wobei die Lesart von Peking wiedergegeben wird. Auch bei der *śad*-Setzung folge ich normalerweise Peking, ohne die Abweichungen von Derge besonders zu vermerken. Wenn aber die *śad*-Setzung der Derge-Ausgabe deutlich besser als die der Peking-Ausgabe ist, folge ich Derge. Auch in diesem Fall habe ich dies nicht vermerkt.

[59] Wenn die *pratīka*s von Jayanta oder Yamāri besser als die beiden Ausgaben der tibetischen Übersetzung des *mūla*-Textes sind, notiere ich das auf gleiche Weise ('*xxx* Y : *yyy* T', usw.).

T : T(D)	der Text der Peking-Ausgabe entspricht dem Sanskrit-Text besser als der der Derge-Ausgabe
T(D) : T	der Text der Derge-Ausgabe entspricht dem Sanskrit-Text besser als der der Peking-Ausgabe
o.E.	ohne Entsprechung in

Im Text sind die Verse des Pramāṇavārttika und *pratīka*s **fettgedruckt**. Zitate und Namen sind unterstrichen.

* * *

Abschließend möchte ich an dieser Stelle meinem verehrten Lehrer Professor Ernst Steinkellner für seine Anregung und ständige Unterstützung dieser Arbeit meinen herzlichen Dank aussprechen. Dr. Michael Torsten Much, Dr. Helmut Krasser und Dr. Horst Lasic danke ich besonders für die Verbesserung meines Deutsch und für fachliche Gespräche. Des weiteren möchte ich hier allen meinen Kolleginnen und Kollegen sowohl im Institut für Tibetologie und Buddhismuskunde der Universität Wien als auch im Institut für Kultur- und Geistesgeschichte Asiens der Österreichischen Akademie der Wissenschaften für ihre Hilfe danken.

Abkürzungen und Literatur

1. Allgemeine Abkürzungen

A	Anhang
Anm.	Anmerkung
D	Ausgabe von Derge
Ms	*The Sanskrit Commentaries on the Pramāṇavārttikam from the Rāhula Sāṅkṛtyāyana's Collection of Negatives I. Sanskrit Manuscripts of Prajñākaragupta's Pramāṇavārttikabhāṣyam. Facsimile Edition.* Ed. Shigeaki Watanabe. Patna/Narita 1998: s. Einleitung.
NMs	Manuskript des Nyāyabhūṣaṇa: s. Einleitung.
o.E.	ohne Entsprechung
P	Ausgabe von Peking
s.	siehe
S	Text der Ausgabe von R. Sāṅkṛtyāyana: s. PVA.
Se	Verbesserungsvorschläge von R. Sāṅkṛtyāyana in seiner Ausgabe (Text oder Fußnoten): s. PVA.
verb. :	verbessert gegen die nach dem Doppelpunkt angegebene Variante
vgl.	vergleiche
W	Verbesserungsvorschläge von Sh. Watanabe in Endnoten seiner Arbeit: s. Watanabe 1976.
Yo	Text der Ausgabe von S. Yogīndrānanda: s. PVA[2].
z.B.	zum Beispiel
zit.	zitiert in
:	im Text (tibetisch und Sanskrit): der Lesart vor dem Doppelpunkt wird gegenüber der nach dem Doppelpunkt der Vorzug gegeben
‹ ›	*in margine* des Manuskriptes geschriebene(r) *akṣara*(s)
‹?›	an dieser Stelle ist entweder durch einen *kākapada* oder durch eine Tilgung angezeigt, daß eine *in margine* geschriebene Korrektur hier durchgeführt werden müßte, jedoch ist das *in margine* Geschriebene nicht lesbar.
{ }	im Manuskript getilgte(r) *akṣara*(s)
.	unlesbarer Teil des *akṣara*
..	unlesbarer *akṣara*

2. Primärliteratur

AS Aṣṭasahasrī (Vidyānandana): *Aṣṭasahasrī – sakalatārkikacakracūḍāmaṇisyādvādavidyāpatinā śrī-Vidyānandanasvāminā nirmitā.* Ed. VAṂŚĪDHARA. Mumbāpurī 1915.

AS^2 Aṣṭasahasrī (Vidyānandana): *Śrī Vidyānaṃdācārya praṇīta Aṣṭasahasrī [prathamabhāga] hindī bhāṣānuvāda sahita.* Ed. MOTĪCANDA JAIN SARRĀPHA, RAVĪNDRAKUMAR JAIN. Hastināpura 1974.

J Pramāṇavārttikālaṃkāraṭīkā [tibetisch] (Jayanta): P 5720, Vol. 133, Tshad ma, De 1b1-434a8; Ne 1b1-375a8. [Wenn nicht anders angegeben, ist der De-Band gemeint.]

J(D) Pramāṇavārttikālaṃkāraṭīkā [tibetisch] (Jayanta): D 4222, Vol. 7-8, Tshad ma, De 1b1-365a7; Ne 1b1-312a7.

T Pramāṇavārttikālaṃkāra [tibetisch] (Prajñākaragupta): P 5719, Vol. 132, Tshad ma, Te 1b1-382a7; The 1b1-344a6. [Wenn nicht anders angegeben, ist der Te-Band gemeint.]

T(D) Pramāṇavārttikālaṃkāra [tibetisch] (Prajñākaragupta): D 4221, Vol. 5-6, Tshad ma, Te 1b1-308a7; The 1b1-282a7. [Wenn nicht anders angegeben, ist der Te-Band gemeint.]

TBV Tattvabodhavidhāyinī (Abhayadevasūri): *ācārya-śrī-Siddhasena-Divākarapraṇītaṃ Saṃmatitarkaprakaraṇam ... śrīmad-Abhayadevasūri-nirmitayā Tattvabodhavidhāyinyā vyākhyayā vibhūṣitam.* Ed. S. SANGHAVI, B. DOŚI. [5 Bde.] Ahmedabad 1924-1931.

TBh Tarkabhāṣā (Mokṣākaragupta): *Tarkabhāṣā of Mokṣākara Gupta.* Ed. E. KRISHNAMACHARYA. Baroda 1942.

TBh^2 Tarkabhāṣā (Mokṣākaragupta): *Tarkabhāṣā and Vādasthāna of Mokṣākaragupta and Jitāripāda.* Ed. H. R. RANGASWAMI IYENGAR. Mysore ^{2}1952.

TR Tarkarahasya: *Tarkarahasya. Tibetan Sanskrit Works Series. No.XX* Ed. ACHARYA PARAMANANDAN SHASTRI. Patna 1979.

TV Tantravārttika (Kumārila): *Śrīmaj-Jaimini-praṇītaṃ Mīmāṃsādarśanam.* Ed. KĀŚĪNĀTHA VĀSUDEVAŚĀSTRĪ ABHYAṂKARA, GAṆEŚAŚĀSTRĪ AṂBĀDĀSA JOŚĪ. [7 Bde.] Poona 1971-1981.

TS Tattvasaṅgraha (Śāntarakṣita): *Tattvasaṅgraha of Śāntarakṣita. With the Commentary of Kamalaśīla.* Ed. E. KRISHNAMACHARYA. Baroda 1926.

N Nyāyabhūṣaṇa (Bhāsarvajña): *Śrīmad-ācārya-Bhāsarvajña-praṇītasya Nyāyasārasya svopajñaṃ vyākhyānaṃ Nyāyabhūṣaṇam.* Ed. SVĀMĪ YOGĪNDRĀNANDA. Vārāṇasī 1968.

NR Nyāyaratnākara (Pārthasārathi Miśra): *Ślokavārttika of Śrī Kumārila Bhaṭṭa. With the Commentary Nyāyaratnākara of Śrī Pārthasārathi Miśra.* Ed. DVĀRIKĀDĀSA ŚĀSTRĪ. Varanasi 1978.

NVinVi Nyāyaviniścayavivaraṇa (Śrī Vādirāja Sūri): *Nyāya Viniścaya Vivaraṇa of Śrī Vādirāja Sūri. The commentary on Bhaṭṭākalaṅkadeva's Nyāya Viniścaya.* Ed. MAHENDRA KUMAR JAIN. [2 Bde] Kashi 1949, 1954.

Pāṇini *Pāṇini's Grammatik*: s. BÖHTLINGK 1964.

PKM Prameyakamalamārtaṇḍa (Prabhācandra): *śrīman-Māṇikyanandi-viracita-Parīkṣāmukhasūtrasya alaṅkārabhūtaḥ – Prabhācāndrācārya-viracitaḥ Prameyakamalamārttaṇḍaḥ.* Ed. MAHENDRA KUMAR SHASTRI. Bombay ²1941.

PPar(V) Pramāṇaparīkṣā (Vidyānanda): *Ācāryavarya-śrī-Samaṃtabhadra-Svāmiviracitā Āptamīmāṃsā Syādvādavidyāpati-śrī-Vidyānaṃda-Svāmiviracitā Pramāṇaparīkṣā ca.* Ed. GAJĀDHARALĀLA JAINA. Kāśī 1914.

PV I Pramāṇavārttika, Kapitel I (Dharmakīrti): *The Pramāṇavārttikam of Dharmakīrti, the first chapter with the autocommentary.* Ed. R. GNOLI. Roma 1960.

PV II, III, IV Pramāṇavārttika, Kapitel II, III, IV (Dharmakīrti): *Pramāṇavārttikakārikā (Sanskrit and Tibetan).* Ed. Y. MIYASAKA. *Acta Indologica* 2 (1971/72), 1-206. [Die Kapitel I, II, III unserer Ordnung entsprechen den Kapiteln III, I, II bei MIYASAKA]

PVA Pramāṇavārttikālaṃkāra (Prajñākaragupta): *Pramāṇavārtikabhāshyam or Vārtikālāṅkāraḥ of Prajñākaragupta (Being a commentary on Dharmakīrti's Pramāṇavārtikam). Tibetan Sanskrit Works Series 1.* Ed. RĀHULA SĀṄKṚTYĀYANA. Patna 1953.

PVA² Pramāṇavārttikālaṃkāra (Prajñākaragupta): *Pramāṇavārtik of Dharmakīrti. With 'Vārtikālankār-Bhāshy' of Prajñākar Gupta and edited with 'Vārtikālankār-Bhāshy-Vyākhyā' Hindī Commentary by* SWĀMI YOGĪNDRĀNANDA. Vārāṇasī 1991, 1994.

PVin I Pramāṇaviniścaya, Kapitel I (Dharmakīrti): s. VETTER 1966.

PVin II Pramāṇaviniścaya, Kapitel II (Dharmakīrti): E. STEINKELLNER, *Dharmakīrti's Pramāṇaviniścayaḥ. Zweites Kapitel: Svārthānumānam. Teil 1, Tibetischer Text und Sanskrittexte.* Wien 1973.

PVV Pramāṇavārttikavṛtti (Manorathanandin): *Ācārya-Dharmakirteḥ Pramāṇavārtikam ācārya-Manorathanandi-kṛtayā vṛtyā saṃvalitam.* Ed. RĀHULA SĀṄKṚTYĀYANA. Patna 1938-1940.

PVSV Pramāṇavārttika(sva)vṛtti (Dharmakīrti): s. PV I.

PVSVṬ Pramāṇavārttika(sva)vṛttiṭīkā (Karṇakagomin): *Ācārya-Dharmakīrteḥ Pramāṇavārttikam (svārthānumānaparicchedaḥ) svopajñavṛttyā Karṇakagomi-viracitayā taṭṭīkayā ca sahitam.* Ed. RĀHULA SĀṄKṚTYĀYANA. Allahabad 1943.

PSV[V] Pramāṇasamuccayavṛtti [Vasudhararakṣita-Übersetzung] (Dignāga): P 5701, Vol. 130, Ce 13a6-93b4.

Bṛhaṭṭīkā Bṛhaṭṭīkā (Kumārila): ein verlorenes Werk des Kumārila: s. FRAUWALLNER 1962.

MSū Mīmāṃsāsūtra (Jaimini): s. TV.

Y Pramāṇavārttikālaṃkāraṭīkā Supariśuddhī [tibetisch] (Yamāri): P 5723, Vol. 134-136, Tshad ma, Phe 208a7-345a8; Be 1b1-290a7; Me 1b1-436a8; Tse 1b1-321a5. [Wenn nicht anders angegeben, ist der Phe-Band gemeint.]

Y(D) Pramāṇavārttikālaṃkāraṭīkā Supariśuddhī [tibetisch] (Yamāri): D 4226, Vol. 10-13, Tshad ma, Phe 174b1-287a7; Be 1b1-261a7; Me 1b1-328a7; Tse 1b1-251a7.

R Pramāṇavārttikavṛtti [tibetisch] (Ravigupta): P 5726, Vol. 136, Tshad ma, Tshe 137a8-266a6.

R(D) Pramāṇavārttikavṛtti [tibetisch] (Ravigupta): D 4224, Vol. 9, Tshad ma, Pe 293b1-398a7.

RNA Ratnakīrtinibandhāvali (Ratnakīrti): *Buddhist Nyāya Works of Ratnakīrti.* Ed. ANANTALAL THAKUR. Patna ²1975.

VSū Vaiśeṣikasūtra (Kaṇāda): *Vaiśeṣikasūtra of Kaṇāda with the Commentary of Candrānanda.* Ed. MUNI ŚRĪ JAMBUVIJAYAJI. Baroda 1961 [Reprint 1982].

ŚBh Śabarabhāṣya (Śabarasvāmin): s. FRAUWALLNER 1968:

ŚV Ślokavārttika (Kumārila): s. NR.

SVṬ Siddhiviniścayaṭīkā (Anantavīryācārya): *Śrimad-Bhaṭṭākalaṅkadeva-praṇītasya savṛtti-Siddhiviniścayasya Ravibhadrapādopajīvi-Anantavīryācārya-virācitā Siddhiviniścayaṭīkā.* Ed. MAHENDRA KUMAR JAIN [2Bde.] Benares 1959.

HB Hetubindu (Dharmakīrti): E. STEINKELLNER, *Dharmakīrti's Hetubinduḥ. Teil I. Tibetischer Text und rekonstruierter Sanskrit-Text.* Wien 1967.

HBṬ Hetubinduṭīkā (Arcaṭa): *Hetubinduṭīkā of Bhaṭṭa Arcaṭa with the Sub-Commentary entitled Āloka of Durveka Miśra.* Ed. SUKHLALJI SANGHAVI, MUNI SHRI JINAVIJAYAJI. Baroda 1949.

HBṬĀ Hetubinduṭīkāloka (Durvekamiśra): s. HBṬ

3. Sekundärliteratur

BHATTACHARYA 1986 KAMESHVARA BHATTACHARYA: Some Thoughts on *Antarvyāpti, Bahirvyāpti,* and *Trairūpya.* In: *Buddhist Logic and Epistemology, Studies in the Buddhist Analysis of Inference and Language.* Ed. B. K. MATILAL and R. D. EVANS. Dordrecht [usw.], 89-105.

BÖHTLINGK 1964 OTTO BÖHTLINGK: *Pāṇini's Grammatik.* Herausgegeben, übersetzt, erläutert und mit verschiedenen Indices versehen. Leipzig 1887 (Nachdruck Hildesheim 1964).

BÜHNEMANN 1982 GUDRUN BÜHNEMANN: *Jitāri: Kleine Texte.* Beschrieben und ediert von G. BÜHNEMANN. Wien

EDGERTON 1953 F. EDGERTON: *Budddhist Hybrid Sanskrit Grammar and Dictionary. Volume I: Grammar.* New Haven.

FRANCO 1991 ELI FRANCO: The Disjunction in Pramāṇavārttika, Pramāṇasiddhi Chapter 5c. In: *Proceedings of the 2nd International Dharmakīrti Conference.* Hg. E. STEINKELLNER. Wien, 39-51.

FRAUWALLNER 1957 ERICH FRAUWALLNER: Besprechung: Pramāṇavārtikabhāshyam or Vārtikālaṅkāraḥ of Prajñākaragupta (Being a Commentary on Dharmakirti's Pramāṇavārtikam). Deciphered and edited by Tripiṭakāchārya Rāhula Sānkṛityāyana. (Tibetan Sanskrit Works Series, published under the patronage of the Government of the State of Bihar, General Editor Prof. A. S. Altekar. Vol.I). Patna: Kashi Prasad Jayaswal Research Institute, 1953. *Journal of American Oriental Society* 77, 1957, 58-60.

FRAUWALLNER 1962 ERICH FRAUWALLNER: Kumārila's Bṛhaṭṭīkā. *WZKS* 6, 78-90.

GEROW 1971 E. GEROW: *A Glossary of Indian Figures of Speech.* The Hague/Paris.

HATTORI 1968 MASAAKI HATTORI: *Dignāga, On Perception, being the Pratyakṣapariccheda of Dignaga's Pramāṇasamuccaya from the Sanskrit fragments and the Tibetan versions*. Cambridge, Massachusetts.

HINÜBER 1986 OTTO VON HINÜBER: *Das ältere Mittelindisch im Überblick*. Wien.

JACKSON 1987 DAVID P. JACKSON: *The Entrance Gate for the Wise (Section III). Sa-skya Paṇḍita on Indian and Tibetan Traditions of Pramāṇa and Philosophical Debate*. 2 vols. Wien.

KAJIYAMA 1966 YUICHI KAJIYAMA: An Introduction to Buddhist Philosophy – An Annotated Translation of the Tarkabhāṣā of Mokṣākaragupta. *Memoirs of the Faculty of Letters. Kyoto University*. 10, 1-173.

KASCHEWSKY 1971 R. KASCHEWSKY: *Das Leben des Lamaistischen Heiligen Tsongkhapa Blo-bzaṅ-grags-pa* (1357-1419) – *dargestellt und erläutert anhand seiner Vita "Quellort allen Glückes"*. 1. Teil. Wiesbaden.

KIMURA 1989 SEIJI KIMURA: Ryōhyōsyaku no shō no junjo ni tsuite (2) [= Über die Reihenfolge der Kapitel des Pramāṇavārttika]. *Komazawadaigaku Bukkyōgakubu Kenkyūkiyō* 47, (18)-(29).

KUIJP 1983 LEONARD W. J. VAN DER KUIJP: *Contributions to the Development of Tibetan Buddhist Epistemology. From the eleventh to the thirteenth century*. Wiesbaden.

MEJOR 1991 MAREK MEJOR: On the Date of the Tibetan Translation of the Pramāṇasamuccaya and the Pramāṇavārttika. In: *Proceedings of the 2nd International Dharmakīrti Conference*. Hg. E. STEINKELLNER. Wien, 175-197.

MIKOGAMI 1971 ESHŌ MIKOGAMI: Prajñākaragupta no Niyoga-setsu Hihan [= Prajñākaraguptas Kritik der Niyoga-Lehre]. *Ryūkoku Daigaku Ronshū* 396, 42-62.

MUCH 1988 — MICHAEL TORSTEN MUCH: *A Visit to Rāhula Sāṅkṛtyāyana's Collection of Negatives at the Bihar Research Society: Texts from the Buddhist Epistemological School*. Wien.

ONO 1996a — MOTOI ONO: Bukkyōronrigakusha Jayanta no in'yō suru Kumārila no ge ni tsuite [= Kumārilas kārikās zitiert von Jayanta, einem buddhistischen Logiker]. *IBK* 45/1, 334-339.

ONO 1997 — MOTOI ONO: A Reconsideration of the Controversy about the Order of the Chapters of the *Pramāṇavārttika* – The Argument by Indian Commentators of Dharmakīrti. *Tibetan Studies. Proceedings of the 7th Seminar of the International Association for Tibetan Studies, Graz 1995*. Ed. HELMUT KRASSER, MICHAEL TORSTEN MUCH, ERNST STEINKELLNER, HELMUT TAUSCHER. Vol. II, 701-716.

STCHERBATSKY 1932 — THEODOR STCHERBATSKY: *Buddhist Logic*. Vol. 1. Leningrad (Reprint New York 1962).

STEINKELLNER/MUCH 1995 — ERNST STEINKELLNER und MICHAEL TORSTEN MUCH: *Texte der erkenntnistheoretischen Schule des Buddhismus. Systematische Übersicht über die buddhistische Sanskrit–Literatur II*. Göttingen.

TOSAKI 1979/1985 — HIROMASA TOSAKI: *Bukkyō ninshikiron no kenkyū – Hosshō cho "Pramāṇavārttika" no genryō ron* – [= Studie zur buddhistischen Erkenntnislehre – die Wahrnehmungslehre des Pramāṇavārttika des Dharmakīrti]. *Jōkan* [=Vol. 1], 1979; *Gekan* [=Vol. 2], 1985, Tōkyō.

VETTER 1966 — TILMANN VETTER: *Pramāṇaviniścaya, 1. Kapitel, Übersetzung*: s. PVin I

VIDYABHUSANA 1921 — S. CH. VIDYABHUSANA: *A History of Indian Logic*. Calcutta.

WAKAHARA 1985 — YŪSHŌ WAKAHARA: Āgama no kachi to zenchisha no sonzai shōmei – Bukkyōronrigakuha ni okeru keifu [= Der Wert des āgama und der Beweis des

Allwissenden – Die Tradition der buddhistischen logischen

WATANABE 1976 SHIGEAKI WATANABE: "Ryōhyōshakushōgon" ni okeru ryō no teigi [= Die Definition gültiger Erkenntnis im Pramāṇavārttikālaṃkāra]. *Naritasan Bukkyōkenkyūjo Kiyō* 1, 367-400.

YOSHIMIZU 1989 KIYOTAKA YOSHIMIZU: Prajñākaragupta ni yoru Mīmāṃsā gikiron hihan no ichishiten [= Ein Gesichtspunkt der Kritik Prajñākaraguptas gegen die Opferlehre des Mīmāṃsaka]. *IBK* 37/1, (36)-(40).

YOSHIMIZU 1997 KIYOTAKA YOSHIMIZU: *Der 'Organismus' des urheberlosen Veda. Eine Studie der Niyoga-Lehre Prabhākaras mit ausgewählten Übersetzungen der Bṛhatī*. Wien.

Sanskrit-Text

1b namo buddhāya.[1]

pramāṇabhūtāya jagaddhitaiṣiṇe
praṇamya śāstre sugatāya tāyine[2] |
kutarkasaṃbhrāntajanānukampayā
pramāṇasiddhir vidhivad vidhīyate ||1||

prāyaḥ prastutavastuvistarabhṛto[3] nekṣyanta evoccakair vaktāraḥ[4] paramārthasaṃgrahadhiyā vyādhūtaphalgukramāḥ |
tenāsmin[5] viralakramavyapagamād[6] atyantaśuddhāṃ dhiyaṃ dhanyānāṃ vidadhātum[7] uddhatadhiyāṃ[8] dhīḥ saṃvide dhīyate[9] ||2||

A1 atra[10] bhagavato hetu$_2$phalasampattyā pramāṇabhūtatvena stotrābhidhānaṃ śāstrādau,[11] śāstrārthatvāt. bhagavān eva hi **pramāṇabhūto** 'smin prasādhyate. tatra hetur āśayaprayogasampat[12] sāṃvyavahārikapramāṇāpekṣayā. āśayo **jagaddhitaiṣitā**.[13] prayogo jagacchāsanāc **chāstṛtvam**. phalaṃ svaparārthasampat. svārtha-

---

1 thams cad mkhyen pa la phyag 'tshal lo T 1b2f.

2 *Vgl.* PSV[V] 13a6f.: tshad mar gyur pa 'gro la phan par bźed | ston pa bde gśegs skyob la phyag 'tshal nas; HATTORI 1968: 73; *Anm.* 1.1.

3 skabs don rgya cher byed pa'i T 2a1.

4 *Vgl.* HBṬĀ 292,24-25.

5 des na 'dir T(D) 1b3 : de na 'dir T 2a3.

6 mnog med tshul daṅ bral pas T 2a3, Y 232a7.

7 vidadhātum *ist ungewöhnliche Infinitiv-Bildung vom Präsensstamm* (*metri causa*?). *Vgl.* EDGERTON 1953: 216: śraddhadhātum.

8 blo mi brtan rnams kyi T 2a3f., Y 230b1.

9 *Für diesen Vers hat Prajñākaragupta eine Technik des alaṃkāra, nämlich lalita benützt* (*vgl.* GEROW 1971: 105).

10 'di la T(D) 1b4 : 'di las T 2a4.

11 *Vgl.* PSV[V] 13a7f.: 'dir yaṅ rab tu byed pa'i daṅ por rgyu daṅ 'bras bu phun sum tshogs pas tshad mar gyur pa ñid kyis bcom ldan 'das la bstod pa brjod pa ni gus pa bskyed par bya ba'i don du'o; HATTORI 1968: 74, *Anm.* 1.2.

12 *Vgl.* PSV[V] 13a8: de la rgyu ni bsam pa daṅ sbyor ba phun sum tshogs pa'o; HATTORI 1968: 74, *Anm.* 1.2.

13 'gro ba la phan par bźed pa ñid yin la T(D) 2a1 : 'gre ba la phan par bźed pa ñid yin la T 2b1.

saṃpat **sugata**tvena trividham artham upādāya, praśastatvaṃ surūpavat,[1] apunarāvṛttyarthaṃ[2] sunaṣṭajvaravat, niḥśeṣā$_{3}$rthaṃ supūrṇaghaṭavat. parārthasaṃpat jagattāraṇāt **tāyitvam**,[3] saṃtānārthaṃ cāparinirvāṇadharmatvāt. evaṃbhūtaṃ bhagavantaṃ **praṇamya**[4] **pramāṇasiddhir vidhīyate**. pramāṇādhīno hi prameyādhigamaḥ,[5] bhagavān eva ca pramāṇam, pramāṇalakṣaṇasadbhāvāt. pramīyate 'neneti pramāṇam.

[A2]tatra sāmānyena pramāṇalakṣaṇaṃ nirdiśati.

pramāṇam avisaṃvādi jñānam (PV II 1ab')

jñānaṃ[6] **pramā$_{4}$ṇam**. tatra sati pramitisiddheḥ[7] **avisaṃvādi**, visaṃvāde sati viparyayāt. indriyārthasaṃyogādayo[8] hi visaṃvādaviviktajñānopalakṣitā eva tattvaṃ pratilabhante. avisaṃvādārthī hi sarvaḥ pramāṇānveṣaṇaprayuktaḥ.[9]

---

1 surūpavat Ms 1b2, Yo 2,17 (*vgl.* gzugs bzaṅ ba bźin T 2b3; gzugs legs pa bźin PSV[V] 13b2) : svarūpavat S.

2 slar mi ldog pa'i don ni T 2b3 : slar mi ldog pa ñid ni T(D) 2a2.

3 *Vgl.* PSV[V] 13a8ff.: bsam pa ni 'gro ba la phan par bźed pa'o | sbyor ba ni 'gro ba la bstan pa ston pa'o | 'bras bu ni raṅ daṅ gźan gyi don phun sum tshogs pa'o | raṅ don phun sum tshogs pa ni bde bar gśegs pa ñid kyis te | don gsum ñe bar blaṅs par bya'o | rab tu mdzes pa'i don ni skyes bu gzugs legs pa bźin no | phyir mi ldog pa'i don ni rims nad legs par byaṅ ba bźin no | ma lus pa'i don ni bum pa legs par gaṅ ba bźin te | [...] gźan don phun sum tshogs pa ni sgrol ba'i don gyis na skyob pa ñid do; HATTORI 1968: 74, *Anm.* 1.2.

4 *Vgl.* PSV[V] 13b3f.: de lta bu'i yon tan can gyi ston pa la phyag 'tshal nas; HATTORI 1968: 74, *Anm.* 1.2.

5 *Vgl.* PSV[V] 13b5: gźal bya rtogs pa ni tshad ma la rag las pa yin la; HATTORI 1968: 74, *Anm.* 1.2; 76, *Anm.* 1.10; *vgl. auch* 57,6.

6 jñānam (*vgl.* śes pa ñid tshad ma yin no Y 246a3; śes pa ni tshad ma ste R 138a7; jñānaṃ pramāṇam PVV 3,15) *o.E.* T 2b6.

7 gźal bya grub pa'i phyir T 2b6, Y 246a4.

8 'brel pa la sogs pa T(D) 2b1 : 'grel pa la sogs pa T 2b6.

9 tshad ma tshol ba thams cad ni mi bslu ba (P : ba'i D 2b1) don du gñer bas rab tu sbyar ba yin no T 2b7.

[A3]nanv avisaṃvāditvaṃ[1] tasya sādhanajñānasya svarūpam eva. tasmiṃś ca svarūpeṇa jñāyamāne jñātam eva tad iti kiṃ parīkṣyate. atha na svarūpasaṃve$_{5}$danam, tadā pramāṇam eva nāstīty āpatitam. na cāyaṃ pakṣaḥ kṣamo bhavatām iti.

tad asat. na svarūpam eva jñānasya prāmāṇyaṃ saṃvāditvaṃ vā, api tu,

arthakriyāsthitiḥ[2] |
avisaṃvādanaṃ (PV II 1'bc')

na khalu jñānasvarūpamātrāvagatāv idaṃ pramāṇam iti bhavatu, kiṃ tarhi, [A4]**artha**sya dāhapākādeḥ **kriyā** niṣpattiḥ, tasyāḥ **sthitir** avicalanam **avisaṃvādanaṃ** vyavasthā vā.[3] sā cārthakriyā $_{6}$bhāvinī, na tatkāle. tatas tatsaṃbandho na svarūpasaṃvedanamātrāvadhṛtaḥ.

nanu tatsaṃbandhitā svarūpam eva, tat kathaṃ na svarūpasaṃvedanamātrāvadhāraṇam. naitad asti.

[A5]dviṣṭhasaṃbandhasaṃvittir naikarūpapravedanāt[4] |[5]
dvayasvarūpagrahaṇe sati saṃbandhavedanam ||3||[6]

kathaṃ tarhi pravartanakāle tajjñānam. etad uttaratra vakṣyāmaḥ.

[A6]yady artha$_{7}$kriyādhigame pūrvakaṃ pramāṇam, so 'py arthakriyādhigamaḥ pramāṇam apramāṇaṃ vā. apramāṇenārthakriyā-

---

[1] nanv avisamvāditvaṃ Ms 1b4, Se, W 19 (*vgl.* gal te mi bslu ba daṅ ldan pa ñid T 2b7).

[2] don byed pa ru gnas pa ni R 139a8; don byed rnam par gnas pa ni T 3a1 : don byed nus par gnas pa ni T(D) 2b3.

[3] arthakriyāyāś ca sthitir avicalanaṃ vyavasthā veti N 199,2 (*vgl.* de gnas pa ni brtan pa 'am rnam par gnas pa ni mi bslu ba yin no T 3a2).

[4] gcig gi ṅo bo rig pas min T(D) 2b5 : gcig gi ṅo bo rig pa min T 3b5.

[5] *Zit. in* TBV 2,25; 265,33.

[6] *Zit. in* NVinVi I,128,20f.; 225,8f.; TBV 483,26f.

dhigamābhāvāt pramāṇaṃ tat. tatas tato ’py arthakriyādhigamaḥ paro ’nveṣaṇīya[1] ity anavasthā. nedaṃ sādhīyaḥ.

[A7]uttarārthakriyābhāvāt pūrvasya yadi mānatā |
tadaivārthakriyābhāvād[2] uttarasya kathaṃ na sā ||4||[3]

[A8]yatrārthakriyāsthitir[4] aparopakalpitā,[5] tad yāvat[6] pramāṇam. yatra tu svatas tadaivārthakriyānubhavaḥ, tat sutarām eva pramāṇam, **arthakriyā$_{8}$sthitir avisaṃvādanam** iti sāmānyābhidhānāt.

nanu dāhapākādyarthakriyeyaṃ svapne ’pi saṃbhavati pītaśaṅkhādijñāne ca.[7] śabdaviṣaye tu jñāne na dāhapākādyarthakriyā, svataḥparataś cārthakriyābhāvāt. tasmād abādhito bodhaḥ[8] pramāṇam iti yuktam.

tad apy ayuktam. yataḥ

śābde ’py abhiprāyanivedanād || (PV II 1’cd)

avisaṃvādanam. [A9]śabdaviṣayaṃ jñānaṃ **śābda**m. **api**śabdād anyatrāpi.

ayam arthaḥ –

svarūpabodhamātreṇa[9] sarvaṃ jñā$_{2a}$naṃ bhavet pramā |
athābādhitabodhatvāt svapnādāv api kiṃ na tat ||5||

---

[1] paro ’nveṣaṇīya *verb.*, W 25 (*vgl.* rtog pa gźan btsal T 3a6) : parānveṣaṇīya Ms 1b7, S.

[2] de tshe don byed yod ñid las T 3a7; de tshe don byed ñid yod las T(D) 2b7.

[3] *Zit. in* TR 5,18f.

[4] gnas pa T(D) 2b7 : gnas pas T 3a7.

[5] ñe bar rtogs pa T 3a7 : ñe bar sgrub pa T(D) 2b7.

[6] tshun chad T(D) 2b7 : tshun cad T 3a7.

[7] rmi lam daṅ duṅ la ser bor śes pa la sogs pa (D 3a1 : la sogs pa *fehlt* P) la yaṅ yod pa yin la T 3a8f.

[8] rtogs pa tsam T 3b1.

[9] ṅo bo rtogs pa tsam gyi ñid T(D) 3a3 : rtogs pa’i ṅo bo tsam gyis ni T 3b3.

bodhamātrasaṃgamo[1] hi svapnetarapratyayasaṃbhavī samāna eva sarvatra na puruṣārthasya sādhakaḥ.[2] athābādhitabodhatvam, tad api samānam eva. jāgratpratyayena bādhamānatā cet, ko ’yaṃ[3] bādho nāma.

parena viṣayābhāvajñāpanaṃ sa yadīṣyate[4] |
svārthe pravṛttimaj jñānam[5] abhāvaṃ jñāpayet katham ||6||

na tāvaj jñānāntareṇābhāvaḥ svapnajñānasyānyasya vā $_{2}$kenacit kriyate, tatkāle tasya svayam eva nāśāt. na cākṣinimīlanān naṣṭe jñāne bādhyatā pratīyate. anyena tu[6] jñānena tasya viṣayāpahāro ’sattājñāpanalakṣaṇo bādhaḥ, na ca[7] svaviṣaye pravṛttam anyaviṣayāpahāraṃ racayitum alam. svaviṣayasvarūpasādhanaṃ[8] hi jñānānāṃ dharmaḥ. paraviṣayāpaharaṇaṃ tu narādhipadharmaḥ. kathaṃ tarhi bādhyabādhakabhāvaḥ. na kathaṃcit.[9] ata evā$_{3}$bādhitatvaṃ na pramāṇatvam.[10] tasmād yatrārthakriyā nāsti, tad apramāṇam.

svayam anyena vā yatra jñāyate na kriyodayaḥ |
tad apramāṇaṃ na svapnāsvapnabhedo ’sti tattvataḥ ||7||

---

[1] rtog pa tsam daṅ ’brel pa ni T(D) 3a3 : rtog pa can daṅ ’brel pa ni T 3b3.

[2] de ni skyes bu’i don sgrub par byed pa ma yin no T 3b4; (sa hi) na [...] Se.

[3] ’di ci źig T(D) 3a4 : ni ci źig T 3b5.

[4] yadīṣyate *verb.*, Yo 6,8 (*vgl.* gal te gźan gyi yul (D 3a5 : lus P) med par | śes pa ñid ni der ’dod na T 3b5) : sadīṣyate Ms 2a1 : (yadi) hīṣyate S.

[5] pravṛttimaj jñānaṃ *verb.*, Yo 6,8 (*vgl.* ’jug śes pa T 3b5) : pravṛttim ajñānam Ms 2a1, S.

[6] anyena tu *verb.* (*vgl.* śes pa gźan gyis de’i yul ’phrog pa ni (P : ni *fehlt* D 3a6) med par śes pa’i mtshan ñid gnod pa yin na T 3b6f.) : anyena na hi Ms 2a2, S.

[7] ni T 3b7.

[8] svaviṣayasvarūpasādhanaṃ Ms 2a2 (*vgl.* raṅ gi yul gyi raṅ bźin sgrub pa T(D) 3a7) : svaviṣaya(jñāna)svaviṣayasya rūpasādhanaṃ S (*vgl.* raṅ raṅ gi yul gyi śes pa ni raṅ bźin sgrub pa ni T 3b7)

[9] ji ltar yaṅ ma yin no źes gsuṅs te Y 254a3 : ji ltar raṅ gi yaṅ ma yin no T 3b8.

[10] na pramāṇatvam Ms 2a3, Yo 7,4 (*vgl.* tshad ma ma yin pa ñid T 4a1) : pramāṇatvaṃ S.

vyavahāramātram evedaṃ svapnāsvapnabhedo nāma. tathā pramāṇāpramāṇabheda iti hi vakṣyate.[1] na cāsāv arthakriyāsthitir avicalitatvābhāvāt. bhāvanāmātrabalāyātārthakriyā[2] sva$_4$pne, na tatra paritoṣaḥ. abādhitatve tv anavasthaiva. prathamam abādhanaṃ sarvatraiva. uttarakālam[3] abādhane, tatrāpy uttarakālam abādhanam iti kutaḥ.

bādhakasya puro 'bhāvaḥ[4] sarvavijñānasaṃbhavī |
paraṃ tu bādhakābhāvas[5] tatrāpy āśaṅkyate[6] na kim ||8||[7]

[A10]pītaśaṅkhādivijñānaṃ tu na pramāṇam eva, tathārthakriyāvāpter abhāvāt. saṃsthānamātrārthakriyāprasiddhāv anya$_5$d eva jñānaṃ pramāṇam anumānam. tathā hi,

ābhāsa[8] evaṃbhūto yaḥ sa na saṃsthānavarjitaḥ |
evam anyatra dṛṣṭatvād anumānaṃ tathā ca tat ||8a||[9]

yena na kadācid vyabhicāra upalabdhaḥ, sa yathābhiprete visaṃvādād visaṃvādyata eva. yas tu vyabhicārasaṃvedī, sa vicārya pravartate. saṃsthānamātraṃ tāvat prāpyate, paratra saṃdeho

---

[1] rmi lam daṅ rmi lam ma yin pa daṅ | de bźin du tshad ma daṅ tshad ma ma yin pa'i dbye ba 'di ni tha sñad tsam yin no źes 'chad par 'gyur ro T 4a2.

[2] °mātrabalāyātārthakriyā Ms 2a3 (*vgl.* stobs kyis yin te T 4a3; vāsanāsāmarthyāyato S 330,10) : °mātrāvasāyatārthakriyā S.

[3] uttarakālam Ms 2a4 (*vgl.* dus phyis T 4a4) : taduttarakālam S.

[4] puro 'bhāvaḥ (*vgl.* daṅ po gnod pa med pa ni T 4a4) : purobhāvaḥ S : puro bhāvaḥ NVinVi II, 284,27.

[5] gnod byed med do Y 257a4 : gnod pas byed yin na T 4a4f.

[6] ākāṅkṣyate NVinVi II, 284,28.

[7] *Zit. in* NVinVi II, 284,27f.

[8] ābhāsa *verb.*, Se, *metri causa* : pratibhāsa Ms 2a5, S.

[9] *Zit. in* AS 277,19f.: tad etena pratipannavyabhicārasya ya itthaṃ pratibhāsaḥ syāt sa na saṃsthānavarjitaḥ, evam anyatra dṛṣṭatvād anumānaṃ tathā satīti prajñākaramatam apy apāstam; NVinVi I,501,22f.: mamaivaṃ pratibhāso 'yaṃ na saṃsthānavivarjitaḥ | evam anyatra dṛṣṭatvād anumānaṃ tathā ca tat; II, 3,1f.: pratibhāso ya īdṛkṣo na saṃsthānavivarjitaḥ | evam anyatra dṛṣṭatvād anumānaṃ tathā ca tat; SVṬ 368,16f.: mamaivaṃ pratibhāso 'yaṃ; TBV 259,15f.: mamaivaṃ pratibhāso yo na saṃsthānavarjitaḥ (?) | evam anyatra dṛṣṭatvād anumānaṃ tathā sati.

viparyayo vā.[1] tato 'numānaṃ[2] saṃ$_6$sthāne saṃśayaḥ paratreti pratyayadvayam etat pramāṇam apramāṇaṃ ca. anena maṇiprabhāyāṃ maṇijñānaṃ[3] vyākhyātam. tathā ca vakṣyāmaḥ. atha kena dvayam etad iti pratīyate. etad api vakṣyāmaḥ.

[A11]śabdaviṣayaṃ tu jñānam **abhiprāyanivedanāt** pramāṇam. abhipretārthakriyāsvarūpanivedanam eva saṃvādanam.

geyasvarūpasaṃsiddhir[4] eva tatra[5] kriyā ma$_7$tā[6] |
citre 'pi dṛṣṭimātreṇa phalaṃ parisamāptimat[7] ||9||[8]

na khalu svarūpasaṃvedanād aparam atrārthakriyājātiḥ[9] kvacid upalabhyate. rūpādayo hi svasvarūpasaṃvedanaparā eva,[10] na tadviṣayaḥ pratyayaḥ paratra pramāṇam. tatsvarūpasaṃvedanamātrakaṃ[11] ca[12] sarvatra jñāne samānam iti na sāṃvyavahārikapramāṇāvatāraḥ.

---

[1] gźan la the tshom za ba 'am | bzlog par gyur pa yin yaṅ dbyibs tsam la ni re źig thob par byed pa yin no T 4a7f.

[2] tshad ma T 4a8.

[3] nor bur śes pa yaṅ T 4a8.

[4] geya° *verb.* (*vgl.* TR 8,4; glur blaṅs źes bya ba ste J 38a1; *Anhang* 11) : jñeya° Ms 2a7, S, TBh^2 3,7, NVinVi I,303,3 (*vgl.* gźal bya T 4b1, Y 259a1).

[5] der ni T 4b2 : de ni T(D) 4a1.

[6] *Vgl.* TBh 2,23: jñeyasvarūpavidyaiva tatreṣṭārthakriyāsthitā; TBh^2 3,7: jñeyasvarūpasaṃvittir iṣṭā tatra kriyāsthitiḥ (*vgl.* KAJIYAMA 1966: *Anm.* 17); NVin Vi I,303,3: jñeyasvarūpasaṃvittir eva tatra kriyā matā.

[7] °vat NVinVi I,303,4.

[8] *Zit. in* TR 8,4f.; NVinVi I,303,3f.

[9] °jātiḥ Ms 2a7 (*vgl.* grub pa T 4b3; a rtha kre ya dza ti źes bya ba Y 259a3) : °jñānaṃ S.

[10] raṅ gi raṅ bźin rig pa 'ba' źig ñid de T 4b3.

[11] tatsvarūpasamvedana° Ms 2a7, Yo 8,8 : tatsvarūpaḥ saṃvedana° S.

[12] de'i raṅ bźin rig pa tsam ni T 4b4.

tato bhāvyarthaviṣayaṃ viṣayāntaragocaram |
pramāṇam adhyāropeṇa vyavahārānurodhakṛt[1] ||10||[2]

bhāvyartha$_{8}$viṣayāntaraprāptyarthī[3] hi pramāṇāpramāṇānveṣaṇāparaḥ. yathā ca bhinnaviṣayasparśādikaḥ[4] na rūpādisvarūpagrahaṇe 'ntaryāti tathā bhāvisvarūpam api paramārthataḥ. adhyāropeṇa tu tadekatā viṣayāntarasyāpi. tatas taddvāreṇāpi[5] saṃvādanam uktaṃ jñāne.[6]

yatra tu tad evārthakriyā, tatrāvivāda eva. tatra bhāvisvarūpe tatkāraṇatvena ekatāropaḥ. paratra tu sparśādau tadekasāmagryadhīnatveneti na vi$_{2b}$śeṣaḥ. yatra tu bhinnābhimatārthakriyā[7] yathā jalagrāhivijñānān marīcikārthakriyāvāptiḥ,[8] tad apramāṇam eva. ata evāha –

śābde 'py abhiprāyanivedanād | (PV II 1'cd)

anyatrāpi citrādau. tathā ca ghaṭajñāne paṭaprāptau śuktikāyāṃ ca rajatajñānaparaṃparāyām api na pramāṇatā, abhiprāyāvisaṃvādābhāvāt.

---

[1] °ānurodhakṛt *verb.* (*vgl.* rjes su 'jug par byed T 4b5; tha sñad pa rnams tshad mas 'jug pa'i Y 255b8; °āvarodhakṛt NVinVi I,13,19) : °āvabodhakṛt Ms 2a7, S (*vgl.* rjes su rtogs par byed T(D) 4a3).

[2] *Zit. in* NVinVi I,13,18f.

[3] °arthī *verb.* (*vgl.* don du gñer ba T 4b5; arthakriyārthī hi sarvaḥ pramāṇam apramāṇaṃ vānveṣate prekṣāvān HB 3,1f.; avisaṃvādārthī 2,11) : arthā Ms 2a8, S.

[4] bhinnaviṣaya° *verb.* (*vgl.* reg pa la sogs pa yul gźan T 4b5) : bhinno viṣaya° Ms 2a8, S.

[5] api *ergänzt* (*vgl.* de'i sgo nas kyaṅ T 4b7; kyaṅ gi sgras ni Y 256b7).

[6] jñāne *o.E.* T 4b7.

[7] bhinnābhimatā° *verb.* (*vgl.* don byed pa tha dad par 'dod pa T 4b8, J 39b2, Y 259b4) : abhimatā° Ms 2b1, S : nābhimatā° Yo 9,2.

[8] dper na smig rgyu la | chur 'dzin pa'i śes pa las smig rgyu'i don byed pa thob pa T 4b8.

abhiprāyāvisaṃvādāt pramāṇaṃ sarvam ucyate |
na sajātivijātīyavijñānotpattimātrataḥ[1] ||11||

bādhakapratyayasyāpi[2] sthiter evaṃprakāratā |
$_{2}$tattvatas tu vijātīyavijñānotpattimātrakam ||12||

vijātīyavidutpattir yadi bādhakam ucyate |
ghaṭajñāne paṭajñānaṃ bādhakaṃ kiṃ na yuktimat ||13||

neti pratyayavṛttyā[3] ced bādhakaṃ kiṃcid iṣyate |
sa eva pratyayo neti pramāṇāt kuta[4] āgataḥ ||14||

abhāvalakṣaṇaṃ mānaṃ tataś cet tan nirūpyate |
kim anyarūpasaṃvittiḥ kim abhāvasya tasya vit ||15||

anyarūpasya vittiś ced aviśeṣāt prasajyate |
tadabhāvasya vittau syāt tasyeti na samanvayaḥ ||16||

abhāvo[5] $_{3}$hi svarūpeṇa pratīyate. svarūpaṃ cābhāvasya na ghaṭādisaṃbandhitayā pratīyate. pratīyamāne hi ghaṭe na tatsaṃbandhitābhāvasya, tadābhāvābhāvāt. na hi jīvata eva devadattasya maraṇam.[6] apratīyamāṇena[7] tu ghaṭena saṃbandhitābhāvasya na śakyā grahītum. atha kāryakāraṇabhāvavat pratītiḥ. kāraṇe sati paścāt kāryaṃ bhavati. tadanantaraṃ tasyopalabdhikrameṇa svarūpaprati$_{4}$pattau[8] kāryakāraṇasaṃbandhaparigrahaḥ. evaṃ

[1] *Vgl.* TR 7,13: saṃbandhārthaparipräptyā pramāṇaṃ sarvam ucyate | na sajātivijātīye vijñānotpattimātrataḥ ||

[2] °pratyayasyāpi Ms 2b1, Yo 9,7 (*vgl.* śes pa yaṅ T(D) 4b1, J 40a1, Y 260a8) : °pratyasyāpi S : tshad ma yaṅ T 5a3.

[3] pratyayavṛttyā Ms 2b2 : pratyayabuddhyā S : dgag 'jug las T 5a5.

[4] pramāṇāt kuta Ms 2b2 (*vgl.* tshad ma gaṅ las T 5a5) : pramāṇād bheda S : pramāṇād yata Se.

[5] abhāvo *verb.*, Se, Yo 10,2 (*vgl.* med pa T 5a6) : abhā Ms 2b2.

[6] śi ba ma yin no T 5b8 : śi ba ma yin pa bźin no T(D) 4b4.

[7] apratīyamāṇena Ms 2b3, Se, Yo 10,4 (*vgl.* ma rtogs pa'i bum pa T 5a8) : apratīyamāṇe(na) S.

[8] svarūpa° *o.E.* T 5b1.

bhāve saty abhāvo 'bhāve[1] ca sati bhāva iti bhavati saṃbandhapratipattiḥ. tad apy asat. yataḥ

atyantābhāvasaṃbandhaḥ kasyacin na prasidhyati |
na bhāve saty abhāvo 'sau na ca tatra viparyayaḥ ||17||

kiṃ ca,

kāryakāraṇayo rūpaṃ vinā tena[2] pratīyate |
abhāvas tu vinā bhāvaṃ bhāvato[3] na pratīyate ||18||

deśasya śūnyatā yā tu[4] tasyāḥ sarvatra $_{5}$tulyatā |
prāgabhāvādibhedasya tatrātyantam asaṃbhavaḥ ||19||

yathā ca vastuno bhedaḥ pratyakṣeṇa pratīyate |
prāgabhāvādibhedo 'pi pratīyeta tathākṣataḥ ||20||

abhāvena pramāṇena pratītis[5] tasya cen matā |
kasyābhāvaḥ pramāṇasya pramābhāvād[6] dhi vedane ||21||

kiṃ nābhāvasya[7] sarvasya kiṃ na suptasya sarvathā |
abhāvagrāhikā vittir abhāvo yadi saṃmataḥ ||22||

bhāvavittiṃ vinaivāsau $_{6}$kasyacit kiṃ na lakṣyate |
eṣaiva tatra sāmagrī yadi nābhāvaniścayaḥ ||23||

vastuno[8] vyatiriktasya nābhāvasyāsti vedanam |
idaṃ nāstīti vijñānaṃ vetti tadvyatirekitām ||24||

---

1 'bhāve Se, Yo 10,8 (*vgl.* dṅos po med pa yin na T 5b1f.).

2 de med par yaṅ T 5b3, Y 262b1.

3 bhāvato Ms 2b4 (*vgl.* de ñid du na T(D) 4b6, Y 262b4) : bhavato S (*vgl.* khyed kyi T 5b3).

4 stoṅ ba'i yul gaṅ T 5b3.

5 pratītis (*vgl.* gal te rtogs pa Y 263a8) *o.E.* T 5b5.

6 pramābhāvād *verb. metri causa* (*vgl.* pramābhāvāt tu vastūnām abhāvaḥ sampratīyate | TS 1649ab) : pramāṇābhāvād Ms 2b5, S.

7 nābhāvasya *verb.* (*vgl.* med min T 5b5) : na bhāvasya Ms 2b5, S.

8 vastuno Ms 2b6 : vastuto S.

kuta utpadyatām etan nendriyāt smaraṇaṃ vinā |
indriyasmṛtisaṃyogād abhāvajñānasaṃbhave[1] ||25||

prāptaṃ pratyakṣam evedam akṣabhāvānusārataḥ[2] |
anyatra[3] vṛttam akṣaṃ cen nānyavijñānakā$_7$raṇam ||26||

mānasaṃ nāstitājñānaṃ katham asya pramāṇatā |
pramāṇam avisaṃvādād aparaṃ mānam eva tat[4] ||27||

vyatirikte[5] hi nābhāve 'visaṃvādo[6] 'sti kasyacit |
kevalatve 'visaṃvādas[7] tat pratyakṣeṇa gṛhyate ||28||

vinābhāvamatiṃ[8] tac ca kevalagrahaṇaṃ sadā[9] |
parānanupraveśena pratītiḥ kevalagrahaḥ ||29||[10]

kevalagrahaṇe[11] 'dhyakṣe 'visaṃvādasya[12] saṃbhavaḥ |
tataḥ pratyakṣam evedam anyathānupalambhanam ||30||

nanu kevala$_8$saṃvittir abhāvāvittitaḥ kutaḥ |
sāpi[13] kevalasaṃvittiṃ vinā neti samānatā ||31||[14]

yathā vā kevalo 'bhāvo vinābhāvena[15] mīyate |
tathā bhāvo 'pi naivaṃ ced anavasthā prasajyate ||32||[16]

---

[1] dṅos po med śes 'byuṅ bar ni T 5b8 : dṅos śes med par 'byuṅ bar ni T(D) 5a3.
[2] akṣabhāvā° verb., Se, Yo 11,7 (vgl. dbaṅ po yod pa'i T 5b8) : bhāvā° Ms 2b6.
[3] a{tra}nyatra Ms 2b7, S.
[4] de ni tshad ma gźan ñid cig Y 265a7 : de ni gźan pa'i yid ñid yin T 6a1.
[5] log źig pa la T 6a1, Y 265b1f. : 'ba' źig pa la T(D) 5a4.
[6] 'visaṃvādo (*vgl.* mi slu T 6a1) : visaṃvādo S.
[7] 'visaṃvādas (*vgl.* mi slu T 6a1) : visaṃvādas S.
[8] vinābhāvamatiṃ (vgl. dṅos med blo ni med par T 6a2) : vinā bhāvamatiṃ S.
[9] rtag tu 'ba' źig 'dzin par 'dod T 6a2.
[10] *Zit. in* HBṬĀ 271,11: praparānanuveśena pratītiḥ kevalagrahaḥ.
[11] 'ba' źig 'dzin pa'i T(D) 5a5 : 'ba' źin med pa'i T 6a2f.
[12] 'visaṃvādasya Yo 11,11 (*vgl.* mi slu ba T 6a3) : visaṃvādasya S.
[13] de yaṅ Y 266a6 : der yaṅ T 6a3.
[14] *Zit. in* HBṬĀ 271,12f.
[15] vinābhāvena (*vgl.* dṅos med med par T 6a4) : vinā bhāvena S.
[16] *Zit. in* HBṬĀ 271,14f.

abhāvapratītiṃ vinā na kevalapratītir iti cet, kevalapratītiṃ vinā nābhāvapratītir iti samānam. abhāvo vā kevalaḥ katham abhāvāntaraṃ vinā.[1] tatrāpy abhāvakalpane 'navasthā. sa eva smaryamāṇapadā$_{3a}$rthāpekṣo 'nupalambhaḥ. abhāvasādhanaḥ pratyakṣaḥ pratyayaḥ.

abhāvavyavahāras[2] tu vāsanānurodhāt kvacid eva bhavati nānyatreti vibhāgaḥ. [A11]tasmāt yathā jāgratpratyayaḥ svapnapratyayasya[3] bādhakas tathā viparyayo 'pi kevalagrahaṇād iti nyāya eṣaḥ.

[A12]tasmāc **chābde 'py abhiprāyanivedanāt** prāmāṇyam iti nirākṛtam etat śrotradhīś cāpramāṇaṃ syād itarābhir asaṃgater[4] iti.[5]

nanu pramāṇabhūtena bhagavatā ko 'rthaḥ, sāṃvyavahārikapramāṇād[6] eva sarvapuruṣā$_2$rthasiddheḥ. naitad asti.

svarūpagrahaṇe 'dhyakṣam anumānyatra vartate[7] |
vakṣyate 'daḥ punaḥ paścād aparasyāpramāṇatā ||33||

na tāvat pratyakṣaṃ paralokādau pravartate, tasya svarūpamātragrahaṇād iti pratipādayiṣyate. anumānaṃ tu saṃbandhagrahaṇam antareṇa nāsti. na ca saṃbandho vyāpy[8] asarvavidā grahītuṃ śakyaḥ.[9] svarūpasaṃvedananiṣṭhena hi pratyakṣātmanā na saṃ-

---

1 dṅos po med pa gźan med par ci ltar rtogs T 6a5.

2 med pa'i tha sñad ni T(D) 5b1, Y 267a4 : med pa'i mtha' sñad ni T 6a7.

3 °pratyayasya Ms 3a1, Yo 12,7 : °pratyasya S.

4 ŚV, codanā, v.77ab.

5 itarābhir asaṅgater iti Ms 3a1 (*vgl.* ŚV, codanā, v.77ab; Yo 12,26f.; źes bya ba T 6b1) : itarā(na)bhisaṅgateḥ S : itarābhir asaṅgateḥ Yo 12,9.

6 sāṃvyavahārikapramāṇād *verb.* (*vgl.* tha sñad pa'i tshad ma ñid las T 6b1) : pramāṇād Ms 3a1 : (vyavahārika)pramāṇād S.

7 vartate *verb.*, Se, *metri causa* (*vgl.* 'jug pa yin T 6b2) : pravarttate Ms 3a2.

8 khyab pa can gyi 'brel pa 'dzin pa J 47a5 : khyab (D 5b5 : khyad P) par 'brel pa 'dzin pa T 6b4.

9 *In der tibetischen Übersetzung ist der Satz als Vers wiedergegeben* (*vgl.* khyab (D 5b5 : khyad P) par 'brel pa 'dzin pa yaṅ || thams cad rig pa ma yin pas || 'dzin par nus pa ma yin no T 6b4).

bandhagrahaṇam. anumānenaiva saṃbandhagrahaṇe[1] itaretarā$_3$śrayaṇadoṣaḥ. saṃvyavahāramātreṇa[2] tu pratyakṣānumāne pramāṇaṃ sarvajñasādhanānuguṇatvenaiva nānyatheti[3] paścād etat pratipādayiṣyate.

nanu yadi nāma pramāṇaṃ paralokādau pratyakṣānumānalakṣaṇaṃ na pravartate, tasya svarūpaviṣayatvād anumānasya ca saṃbandhagrahaṇasāpekṣatvāt, śāstraṃ tu naivam iti tata eva samīhitasiddhiḥ.[4] kiṃ bhagavān pramāṇa$_4$bhūtaḥ prasādhyate.

atrocyate –

vaktṛvyāpāraviṣayo yo 'rtho buddhau prakāśate |
prāmāṇyaṃ tatra śabdasya nārthatattvanibandhanam || (PV II 2)

śabdasya hi nāpauruṣeyateti paścāt pratipādayiṣyate. pauruṣeyatā tu syāt. tatra ca **vaktur vyāpāro** vivakṣā, **vaktā** vivakṣitā. vivakṣāyā[5] **viṣayo yo 'rthaḥ** śrotṛ**buddhau prakāśate, prāmāṇyaṃ**[6] **tatra**iva **śabdasya**, tatraiva ca vyā$_5$pāraḥ[7] śabdasya. anyathā[8] vivakṣitam anyathā pratipādayatīty aprekṣāpūrvakārī syāt. tathā ca sutarām evāprāmāṇyam. sa ca vivakṣitā na sarvaḥ sarvavedī. anyathā parasparaviruddhatā śāstrāṇāṃ na syāt. na ca parasparaviruddho 'rtho 'nuṣṭhātuṃ śakyaḥ. yathānuṣṭhānamātrārthasiddhau[9] vyarthatayā pramāṇam alaṃ śāstrasya, svamanīṣikānuṣṭhāne 'pi phalasiddhiprasa$_6$ṅgāt.

---

[1] 'dzin pa na yaṅ T 6b5.

[2] tha sñad tsam du J 47a8 : tha sñad du T 6b5f.

[3] de ltar ma yin na ni ma yin no T(D) 5b6 : de ltar ma yin gyi de ltar ma yin na ni ma yin no T 6b6.

[4] mṅon par 'dod pa'i don 'grub pas T 6b7.

[5] brjod par 'dod pa'i T(D) 6a2, Y 273b5 : brjod pa po ste T 7a2.

[6] prāmāṇyan Ms 3a4 : pramāṇyan S.

[7] vyāpāraḥ Ms 3a5, Yo 14,10 : vyāparaḥ S.

[8] anyathā *verb.* (*vgl.* gźan du T 7a2) : anyathānyathā Ms 3a5, S.

[9] rnam pa ji ltar yaṅ ruṅ bar bsgrub pa tsam don 'grub (P : grub D 6a4) pa yin na ni T 7a4; rnam pa ji ltar yaṅ ruṅ ba sgrub pa tsam Y 274b6 .

tathā ca nirvivādaṃ syād yatheṣṭaṃ sampravartatām |
na hi kiṃcid anuṣṭhānaṃ niṣphalaṃ kasyacit kvacit[1] ||34||

tasmāt **vaktṛvyāpāraviṣaye**[2] **śabdasya prāmāṇyaṃ nārthātattvanibandhanam**, yadi vaktā na sarvajñaḥ. apauruṣeye 'pi **yo 'rtho buddhau prakāśate**, yadā svayam evārthaṃ pratipadyate. yadā tu vyākhyātuḥ,[3] tadā **vaktṛvyāpāraviṣayaḥ**, vyākhyātaiva **vaktā**, **yaś** ca **buddhāv a$_{7}$rthaḥ** pratibhāti, na sa evārthaḥ.[4] anyathā[5] sakalasamīhitārthasiddher na kaścid anuṣṭhānārthī[6] bhavet.

anuṣṭheyatayaiva tasyārthasya pratipādanān naivam iti cet, sa[7] tarhi tadā svarūpeṇa nāstīti[8] na tasya pratipattiḥ. anyapratipattau saṃbandhābhāvāt saṃdeha eva. tataś ca[9] yo 'rthaḥ pratīyate, sa siddha eva, na tadarthī pravartate. yadarthī ca na sa pratipanna iti **nārthatattvanibandhanaṃ prāmāṇyam**.

nanu niyogo vā$_{8}$kyārthaḥ,[10] niyukto 'ham iti pratīteḥ. tato niyogād eva nāsituṃ samarthaḥ. ko 'yaṃ[11] niyogo nāma. niśabdo niḥśeṣārtho yogārtho yuktiḥ. [A13]niravaśeṣo yogo niyogaḥ. niravaśeṣatvam ayogasya manāg apy abhāvāt. avaśyaṃkartavyatā[12] hi ni-

---

[1] 'bras bu med mi 'gyur T 7a6 : 'bras bu mi 'gyur phyir T(D) 6a5.

[2] yul ñid la T 7a7.

[3] gaṅ gi tshe 'chad pa po las rtogs pa T 7a8.

[4] de ñid don Y 275b4 : de ñid ni don dam pa T 7a8 (*vgl.* sa eva sadarthaḥ Se).

[5] de lta ma yin na T(D) 6a7 : de la ma yin na T 7a8.

[6] 'ga' yaṅ don du gñer ba T 7b1.

[7] sa (*vgl.* 'o na de źes bya ba Y 275b5) *o.E.* T 7b1.

[8] nāstīti *verb.*, Se (*vgl.* med pas T 7b1) : nāsti Ms 3a7.

[9] ca *o.E.* T 7b2.

[10] vākyārthaḥ Ms 3a8 : (na) vākyārthaḥ Se.

[11] ayaṃ (*vgl.* 'di T(D) 6b2) *o.E.* T 7b4.

[12] avaśyaṃkartavyatā *verb.* (*vgl.* gdon mi za bar bya ba nyid ni T 7b5) : avaśyakarttavyatā Ms 3a8, S.

yogaḥ. niyogaprāmāṇikā hi niyogapratipattimātrataḥ pravartante. atrāha – **vaktṛvyāpāra**[1] ityādi. ayam arthaḥ –

> $_{3b}$niyogo bhāvanā[2] dhātor artho vidhir itīritāḥ |
> yantrārūḍhādayo na syuḥ svabhāvād arthasādhanāḥ ||35||[3]

tasmād yo yasya pratibhāsate yathāpratibhām, sa vākyasyārthaḥ,[4] na caivam[5] arthatattvam. yaś ca yathā vyācaṣṭe, tathā sa śabdo viguṇo na bhavati,[6] na ca tathārthatattvasthitiḥ.

kiṃ ca,

> niyuktena pravṛttiś[7] cet sarvasyātaḥ prasajyate |
> tatsvabhāvatayākāśam anākāśaṃ na kasyacit ||36||

> svabhāvo 'pi viparyāsād[8] anyathā yadi gamyate |
> viparyā$_{2}$sāviparyāsavyavasthāṃ[9] kaḥ kariṣyati ||37||

yadi viparyāsān niyogaparād api vacanān na pravartate, tathā sati[10] viparyāsakalpanā pravartamāne 'pi na vyāhanyate. yathaiva hi dveṣād ayaṃ na pravartate viparyastas tathā tatpakṣapātād aparo 'pi pravartate iti samānam etat. na ca niyukto 'ham ity etāvatā[11] pravartate, niṣphalaniyoge pravṛtter abhāvāt.

---

1 'chad pa po'i byed pa'i yul T 7b5f.

2 sgom pa T 7b6 : byed pa T(D) 6b4.

3 ṅo bo ñid kyis don grub na || ṅes par sbyor daṅ sgom pa daṅ || khams don sgrub par brjod pa daṅ || 'khrul 'khor la gnas sogs mi 'gyur T 7b6.

4 gaṅ la gaṅ snaṅ ba de ṅag gi don yin te T(D) 6b5 : gaṅ la snaṅ ba de gaṅ gi don yin te T 7b7.

5 na caivam *verb.*, Se (*vgl.* de lta ma yin no T 7b7) : na cedam Ms 3b1, S.

6 sgra de ñid ni gaṅ ji ltar brjod pa de ltar mi mthun par mi 'gyur la T 7b7.

7 pravṛttiś *verb.*, Se, YOSHIMIZU 1989 (*vgl.* 'jug T 8b8, Y 277b4) : nivṛttiś Ms 3b1, S.

8 phyin log gis T(D) 6b6 : phyir log gis T 7b8.

9 °vyavasthāṃ Ms 3b2, Yo 16,7 : °vyavasthā S.

10 de lta yin na T(D) 6b7 : de lta ma yin na T 8a2.

11 etāvatā *verb.* (*vgl.* sñam pa tsam gyis T 8a3) : etat Ms 3b2, S.

pracaṇḍaprabhuniyoge niṣphale 'py apāyabhayāt pravartate. pramāṇāntarāc ca pratipa$_3$nno 'pāyaḥ. atra tu na pramāṇāntaram. vyarthako niyogas tathā cet, bhavatu. ko doṣaḥ. na hi dṛṣṭe 'nupapannaṃ nāma. prekṣāpūrvakārī[1] niṣphalaniyoge hi prekṣāvattā na syād ity upālabhyate.[2] apauruṣeye tu[3] kasyopālambhaḥ. apauruṣeye[4] vyarthataiva[5] na yukteti cet, nātra kiṃcit pramāṇam, anyatrāpauruṣeye tathādṛṣṭeḥ. yadi ca niyogamātrāt pravartate 'pauruṣeyā$_4$t svargakāma iti niṣphalam, juhyād iti niyogamātrād eva[6] niyogapratipatteḥ.

atha phalābhilāṣiṇaḥ phalopadarśanam, phalam[7] eva tarhi tasyopadarśanīyam, kiṃ niyogena.[8] svayam eva phalābhilāṣāt pravartiṣyate. apauruṣeyatvād asaṃbaddhatāyām api na codyam etad[9] iti cet, niṣphalacodanāyām api[10] na codyam iti vyarthako 'pi[11] vedo nāyuktaḥ.[12]

kiṃ ca,

niyujyamānaviṣa$_5$yaniyoktṝṇāṃ yadīṣyate |
dharme niyogaḥ sarvatra na śabdārtho 'vatiṣṭhate ||38||

---

[1] rtog pa sṅon du byed pa can T 8a5 : rtog pa bdun du groṅ bar byed pa can T(D) 7a2.

[2] klan kar 'gyur gyi T 8a5 : klan kar 'dir 'gyur gyi T(D) 7a3.

[3] ni T(D) 7a3 : ko T 8a5.

[4] skyes bus ma byas pa la yaṅ T 8a6.

[5] vyarthataiva *verb.* (don med pa ñid ni T 8a6) : vyarthatayaiva Ms 3b3, S.

[6] eva *o.E.* T 8a7.

[7] 'bras bu T 8a8 : 'bras bus T(D) 7a4.

[8] ṅes par sbyor bas T 8a8 : ṅes par sbyor ba T(D) 7a4.

[9] etad *o.E.* T 8b1.

[10] 'o na ni 'bras bu med pa bskul ba la yaṅ T 8b1.

[11] vyarthako pi Ms 3b4 (*vgl.* don med pa can yin yaṅ T 8b1) : vyarthako S.

[12] mi rigs par med par 'gyur ro T 8b1.

niyogo nāmāyaṃ hi kasya dharma iti cintyatām. na khalu niyogaḥ paṭādipadārthavad aparatantratayā pratīyate. tatrānena niyamena[1] niyojyādīnām[2] anyatamasya dharmeṇa bhavitavyam aparaprakārāsaṃvedanāt.

niyojyadharmabhāve[3] hi tasyānuṣṭheyatā kutaḥ |
siddho 'pi yady anuṣṭhe$_{6}$yo nānuṣṭhāviratir bhavet ||39||

na khalu pariniṣpannam anuṣṭhātuṃ śakyam. anuṣṭhānaṃ hi tatra kriyāviśeṣaḥ svarūpajananaṃ vā. kriyāviśeṣas tāvad anarthaka eva. pariniṣpannasya kriyā kimarthakāriṇī. svarūpaniṣpādanaṃ tu pariniṣpannasyeti vyāhatam.[4] na ca pariniṣpannasyāparam apariniṣpannam āste, apariniṣpannasya pariniṣpannapadārthasvabhāvatvāyogāt.[5] yo hi yadrūpatayo$_{7}$palabhyate, sa tatsvabhāva. na cāniṣpannam upalabdhuṃ śakyam.

paścād upalabhyata iti cet, tad ayuktam. yataḥ[6]

tatsvabhāvatayā paścād upalabdhuṃ na śakyate |
vartamānasvarūpasya grahaṇe 'dhyakṣavṛttitaḥ ||40||

na khalu vartamānarūpopagrahapravṛttam adhyakṣaṃ pūrvāpararūpam īkṣituṃ kṣamate. tasmāt

na pūrvam ekatāvittir[7] na paścād akṣajanmanaḥ |
jñānasyākṣānusaraṇād adhyakṣam iti mīyate[8] ||41||

tasmān niyojyapuruṣadharme niyoge na śabdārthatā.

---

[1] niyamena *verb.* (*vgl.* gdon mi za bar T 8b3) : niyame Ms 3b5, S.

[2] ṅes par sbyar bar bya ba la sogs pa'i T 8b3 : ṅes par sbyar ba la sogs pa'i T(D) 7a7.

[3] °dharmmabhāve Ms 3b5 (*vgl.* chos yin na T 8b3, Y 279a5) : °dharmibhāvo S.

[4] raṅ gi ṅo bo grub pa ni grub zin pa la 'gal lo T 8b5.

[5] grub pa la ma grub pa'i dṅos po mi ruṅ ba'i phyir ro T 8b6.

[6] yataḥ (*vgl.* 'di ltar T 8b7) *o.E.* T(D) 7b2.

[7] °vittir Ms 3b3 (*vgl.* rig T 8b8) : °vṛttir S.

[8] brjod do T 9a1.

viṣa$_{8}$yadharmatāyām api viṣayasyāpariniṣpatteḥ svarūpābhāvāt[1] kathaṃ śabdād asau pratyetuṃ śakyaḥ. na hy avidyamānaṃ śaśaviṣāṇādikaṃ tathā dṛśyate ’nuṣṭhānaviṣayatvena.

kenacid rūpeṇa vidyamānaṃ kenacid rūpeṇa neti cet,[2] tad asat.

yenāsau vidyate bhāvas tenānuṣṭhīyate na saḥ[3] |
vidyate yena naivāsau na tenāpi pratīyate ||42||

pratīyamānatā tasya siddhānuṣṭheyatā na cet |
tad eva tasya svaṃ rūpaṃ na niyogo ’nyathā bhavet ||43||

$_{4a}$pratīyamānatāmātraṃ sāmānyaṃ sarvavastunaḥ |
anuṣṭheyatayaivāsya niyogatvam ananyathā ||44||

yady anuṣṭheyatā tatra[4] pratibhāti na cāparā |
anuṣṭhānaṃ bhavet tatra na tu sāmānyavedane ||45||

sāmānyavedane tatra nānuṣṭheyārthavedanam[5] |
vākyasya na bhaved artho niyogas tatpravādinām ||46||

nanu yāgādiviṣaye niyukto ’ham iti pratīyate. iyam eva ca niyogasya pratītiḥ śābdāt, yā niyukto ’ham atrāneneti pratītiḥ. tatra niyo$_{2}$ktā śabdaḥ,[6] puruṣe[7] vede pramāṇābhāvāt, niyojyaḥ puruṣaḥ,

---

[1] raṅ gi ṅo bo med pas T 9a2 : raṅ gi ṅo bo ñid med pas T(D) 7b4.

[2] rjes su bsgrub pa’i yul ñid kyis na raṅ bźin ’gas ni yod pa yin la | (P : ’gas ni yod pa yin la | *fehlt* D 7b6) ’gas ni ma yin no źe na T 9a3.

[3] saḥ (*vgl.* des de bsgrub bya min T(D) 7b5) *o.E.* T 9a3.

[4] tatra (*vgl.* de la źes bya ba ni Y 280b5) *o.E.* T 9a5.

[5] tatra nānuṣṭheyā° *verb.*, S (*vgl.* rjes su sgrub don rigs min pas T 9b6) : tatrānuṣṭheyā° Ms 4a1.

[6] śabdaḥ Ms 4a2 (*vgl.* sgra yin te T 9a7) : śabde S.

[7] puruṣe Ms 4a2 (*vgl.* rig byed kyi skyes bu la tshad ma med pa’i phyir ro Y 281a5) : puruṣaḥ S (*vgl.* skyes bu ni rigs byed la tshad ma ma yin pa’i phyir ro T 9a8).

yāgo viṣayaḥ, sakalam idaṃ pratīyate. tatra pratītir bhāva eva.[1] kathaṃ pratīyata iti ko 'yaṃ paryanuyogaḥ. tad asat.

pratīyamānena vinā kasya tatra svarūpavit |
vedyate yat svarūpeṇa tasya tadvedanaṃ matam ||47||

na ca svarūpasyābhāve svarūpasyāsti vedanam |
upalambho yataḥ sattā sāsti nāsti nu sā katham ||48||

na ca pratītimātreṇa vastv astīti ${}_{3}$pratīyate |
parasparaviruddhārthā nāgameṣu[2] bhaved asau[3] ||49||

vedād eva pratītiś ced dhetudoṣāmalīmasāt[4] |
na lokānanusāreṇa vedād buddher asaṃbhavāt ||50||

yāgāder upalabdhatvāl loke śabdārthasaṃbhavāt |
pūrvadṛṣṭānusāreṇa pratītir nārthasādhikā ||51||

kāmaśokabhayonmādadoṣopaplutacetasām |
buddhiḥ pūrvānusāreṇa na dṛṣṭeṣṭasya sādhikā ||52||

lo${}_{4}$ke ca dṛśyate vākyapadārthopaplavaḥ kvacit |
vede tadanusāreṇopaplavaḥ kim asaṃbhavī ||53||

na tatrāśayadoṣo 'sti kasyacin mūḍhatādikaḥ[5] |
tatrāpy apratipattiḥ kiṃ na doṣaḥ kasyacin mataḥ ||54||

loka āśayadoṣeṇa[6] vastusaṃbandhahānitaḥ |
na pramāṇatvam eṣā ca na na vede 'pi kiṃ pramā[7] ||55||

---

[1] de la dṅos po ñid rtogs pa yin na T 9a8f.

[2] luṅ rnams la Y 282a3 (*vgl.* gźuṅ J 53b6f.) : yul rnams la T 9b3.

[3] yul rnams la ni phan tshun du || 'gal ba'i don der 'gyur ma yin T 9b3.

[4] rgyu yi dri mas ma sbags phyir || rig byed nyid las rtogs she na T 9b3.

[5] de la rmoṅs pa la sogs pa || bsams (P : bsam D 8a7) pa'i ñes pa 'ga'med na T 9b6.

[6] loka āśaya° *verb.*, Se (*vgl.* 'jig rten bsam pa'i T 9b4) : lokekṣāśaya° Ms 4a4, S.

[7] tshad min 'di ni rig byed las || tshad ma'i ñes (P : ñams D 8a7) pa ma yin min T 9b7.

loke vākyapadārthānāṃ viplavasyopalabdhitaḥ |
vede ta eva ce$_{5}$c chabdāḥ kiṃ na viplavasaṃbhavaḥ[1] ||56||

nanu yadi vedaḥ satyārtho na bhavati svataḥ, tadā loke[2] yāgādipadārthasya svayam apravṛtteḥ kathaṃ yāgādikriyāvṛttyanupalambhaḥ.[3] na hi svayaṃ vyutpādayitum idaṃ[4] śakyam. tato 'visaṃvādabhāgy arthapratipādanāt pramāṇaṃ vedaḥ. etat sarvāgameṣu samānam. na hi pratiniyatāgamārthāvāntaravibhāgāḥ sarvāgameṣv api sa$_{6}$mupalabdhāḥ svayam utprekṣya[5] vidhātuṃ śakyāḥ puruṣamātreṇa. atha vā sā kim aśabdaliṅgā[6] svayaṃ kathaṃcid anusmarato na bhavati[7] buddhir yayā[8] tathā kriyā parikalpyate.[9]

sarvāgamasamānatvād yāgādyarthakriyātmanaḥ |
na sarvaiḥ karaṇaṃ tasya tulyaṃ vede 'pi kiṃ na tat ||57||

na ced ādṛtatā śiṣṭair ity anyonyasamāśrayaḥ |
vedārthācaraṇāc chiṣṭās tadācārāc ca sa $_{7}$pramā ||58||

---

[1] rig byed la 'aṅ sgra de ñid || de dag ji ltar bslad mi srid T 9b8.

[2] 'jig rten na T 10a1 : 'jig rten T(D) 8a7.

[3] ji ltar mchod byin la sogs pa'i bya ba la 'jug pa dmigs T 10a1.

[4] 'dir T 10a1.

[5] utprekṣya Ms 4a6, Yo 21,6 : utprepekṣya S.

[6] aśabdaliṅgā Ms 4a6 (*vgl.* 37,16) : aśabdaliṅgaṃ S.

[7] PVin I 32,19f.: sgra daṅ rtags med par de raṅ ñid ji źig ltar yaṅ dran par mi 'gyur ram ci; s. 37,16f.

[8] yayā *verb.* (*vgl.* gaṅ gis T 10a3) : yathā Ms 4a6, S.

[9] sgra daṅ rtags med par de ci ltar yaṅ raṅ ñid dran par mi 'gyur ram T 17a3 *für den später zitierten Satzteil*: yaṅ na sgra daṅ rtags med par yaṅ ci źig ltar dran par byed pa raṅ ñid gaṅ gis bya ba de ltar rtogs pa'i blo de (D 8b2 : der P) ci ltar (P : ci D 8b2) yaṅ mi 'gyur ram cig T 10a3.

kiṃ ca,

dvijātayo 'pi[1] jāyante āgamāntarasaṅginaḥ[2] |
na bhavanty[3] eva cet teṣāṃ na pāpe ramate matiḥ[4] ||59||

pāpetaravyavastheyam āyātā mānataḥ kutaḥ |
pāpātmatādvijatvena pāpatvād advijātmatā ||60||

kiṃ ca dvijātitādīnāṃ[5] jātigotrakriyāditaḥ |
śakyā jñātuṃ vivekā na[6] dvijānāṃ śiṣṭatā kutaḥ[7] ||61||

na khalu dvijādibhāvaḥ pramāṇagocaracārī. sa hi jātiyogalakṣaṇo gotralakṣaṇaḥ kriyāsāmarthyā$_{8}$tiśayayogo vā bhavet.[8]

na tāvad gotvādijātim iva tajjātim ākāraviśeṣād eva kecid avadhārayitum īśate, ākṛtisaṃkarasya darśanāt. śūdrādyabhimatānām api saivākṛtir[9] upalabhyate. na khalu bāhuleyādyākṛtaya iva kauṇḍinyādīnām api vijātīyābhimatavyaktivilakṣaṇā vyaktaya upalabhyante.

ata eva vyaktisaṃkareṇa saṃdehaviṣayatvād upadeśasahitaṃ pratyakṣaṃ pramā$_{4b}$ṇam.

paropadeśaprāmāṇyaṃ[10] pratyakṣārthe na yuktimat |
upadeśo hi lokānām anyathāpi pravartate ||62||

---

[1] bram ze skye gñis pa dag kyaṅ J 55a5 : bram ze la sogs pa dag kyaṅ T 10a6.

[2] °saṅginaḥ Ms 4a7 : °saṅgitaḥ S.

[3] bhavanty Ms 4a7 : bhavaty S.

[4] de dag sdig la dga' min pas || mi 'gyur ba ni ñid ces na T 10a6.

[5] dvijātitādīnāṃ *verb.* (*vgl.* bram ze sogs T 10a7; bram ze la sogs pa'i Y 285a4) : dvijātitā‹?›ma Ms 4a7 : dvijātitā nāma S.

[6] vivekā na *verb.* : vivekān na Ms 4a7, S.

[7] gźan yaṅ rigs daṅ rus daṅ ni || bya ba sogs las bram ze sogs || rnam dbye śes par nus min na || gaṅ phyir bram ze khyad can 'gyur T 10a7f.

[8] de ni rigs daṅ ldan pa'i mtshan ñid dam | rus kyi mtshan ñid dam | bya ba 'am nus pa khyad du 'phags pa daṅ ldan pa źig yin graṅ (D 8b6 : draṅ P) na T 10a8.

[9] °ākṛtir *verb.*, S (*vgl.* rnam pa yaṅ de ñid yin par dmigs so T 10b2) : °ākṛtiḥ pratī..r Ms 4a8.

[10] gźan gyis ni || ñer bstan tshad mar T(D) 9a1 : gźan gyi ni || ñer bstan tshad mar T 10b4.

yadi khalu brāhmaṇatvādijātiḥ pratyakṣeṇekṣyate, paropadeśasya vyarthatā. na hi pratyakṣe 'rthe[1] paropadeśo garīyān. tathā cet, na paropadeśataḥ saṃdehaḥ syāt.[2]

ata eva pratyakṣaṃ sahāyam apekṣate.

upadeśaṃ vinādhyakṣaṃ yady arthasya prasādhakam |
tadopadeśasatyatvaṃ[3] vidhātuṃ nānyathā kṣamam ||63||

yadā tu pratyakṣaṃ[4] $_{2}$kevalam asamartham upadeśaś ca, tadā dvayam asamarthaṃ pṛthak sahitam api tādṛśam eveti na jātigrahaṇe sāmarthyam āsādayet.

sāmagryāḥ sāmarthyam iti cet, nāsty etat.

kāryadarśanataḥ sarvā sāmagrīti[5] pratīyate |
aṅkurādivad atrāpi na kāryaṃ kiṃcid īkṣyate ||64||

na hi ghaṭapaṭasāmagrī śālyaṅkure[6] 'nyatra vā bhavati, anvayavyatirekābhyāṃ[7] hi jalādīnām eva tattvopalabdheḥ.[8] na cātra tathā kā$_{3}$ryaṃ jātiniścayalakṣaṇam upalabhyate. kāñcanādyupadeśasya hi yadāsatyatāśaṅkā, tadā pratyakṣadarśanād[9] asau[10] nivartate. naivaṃ[11] jātyupadeśasyāsatyatāśāṅkāyāṃ pratyakṣāt satyatājāti-

[1] pratyakṣe rthe Ms 4b1 : pratyakṣārthe S.

[2] 'gyur ro T 10b6 : 'gyur bar bya ba T(D) 9a2.

[3] ñer bstan de ni bden ñid du T 10b6.

[4] pratyakṣaṃ *verb.* (*vgl.* gaṅ gi tshe mṅon sum daṅ ñe bar bstan pa 'ba' źig nus pa med pa T 10b7) : punaḥ Ms 4b1 : punaḥ (pratyakṣaṃ) S.

[5] sāmagrīti *verb.* (*vgl.* tshogs pa yin źes rtogs par 'gyur T 10b8) : sāmagrī‹?› Ms 4b2 : sāmagrīyaṃ S.

[6] °aṅkure Ms 4b2 (*vgl.* myu gu T 11a1) : °aṅkare S.

[7] anvayavyatirekābhyā{m anyatra} Ms 4b2, S (*vgl.* rjes su 'gro ba daṅ ldog (D 9a5 : rtog P) pa dag las T 11a1).

[8] de ni rjes su 'gro ba daṅ ldog (D 9a5 : rtog P) pa dag las chu la sogs pa ñid yin par mthoṅ ba'i phyir ro T 11a1.

[9] mṅon sum mthoṅ las Y 286a6 : mṅon sum du mthoṅ las T 11a2.

[10] asau (*vgl.* de T(D) 9a6) *o.E.* T 11a2.

[11] naivaṃ Ms 4b3 : naivaṃ jātyupadeśasyāsatyatāśāṅkā tadā pratyakṣadarśanād asau nivartate. naivaṃ S.

svarūpagrahaṇākārāt.[1] suvarṇādau hi rūpaviśeṣasadbhāvād evaṃbhūtam eva suvarṇaṃ bhavatīti vyavahārasya parisamāpter dṛṣṭasya na kācit kṣatiḥ.[2] atra tu punar[3] evaṃvidha$_{4}$m eva brāhmaṇyam[4] iti na pādaprasāraṇamātraṃ trāṇam, pāramārthikaparalokavyavahārasya vāñchitatvāt.[5] ekavākyatayā hi suvarṇaṃ satyaṃ bhavati, na tu brāhmaṇyam. kiṃ ca, tacchaṅkāyāṃ gotropadeśāntarādinirūpaṇam[6] eva kriyate, nānya upāyaḥ.

athādhyayanādinā kriyāviśeṣeṇa[7] jñāyate, nopadeśamātrāt. tad apy asat.

dvijātitve kriyā sādhyā $_{5}$na kriyāto dvijātitā |
saṃskārā api naiva syur jātiniścayavarjitāḥ[8] ||65||

jātivarjitasya hi na svādhyāyādhyayanasaṃskārādayo[9] dvijātitvādikam ādadhati, sarvasya tathā dvijatvaprasaṅgāt. api ca,

yadi pratyakṣato jātir na pratīyeta kevalāt |
vacanād api naivāsyāḥ pratītir avirodhinī[10] ||66||

---

1 bden pa'i rigs kyi raṅ bźin 'dzin pa'i rnam pa can gyi mṅon sum gyis bzlog pa ni ma yin no T 11a3 (*vgl.* bden pa'i rigs kyis raṅ bźin gyi 'dzin pa'i rnam pa can gyis Y 286a7) : mṅon sum gyis rigs kyi raṅ bźin 'dzin pa'i rgyu las bzlog pa ni ma yin no T(D) 9a7.

2 mthoṅ ba'i tha sñad rdzogs pa'i phyir ñams pa 'ga' yaṅ med do T 11a4.

3 punar *o.E.* T 11a4.

4 {prāmā}‹brāhma›ṇyam Ms 4b4, S

5 don dam pa'i 'jig rten pha rol gyi tha sñad 'dod pa bslus par 'gyur ba'i phyir ro T 11a5.

6 rigs kyi ñe bar bstan pa gźan la sogs pa ṅes par rtogs pa T 11a6; rigs kyi ñe bar bstan pa gźan Y 287a1.

7 °viśeṣeṇa *verb.* (*vgl.* 'don pa la sogs pa bya ba'i khyad par gyis T 11a6) : °viśeṣeṇaṃ Ms 4b4 : °viśeṣaṇaṃ S.

8 °varjjitāḥ Ms 4b5 : varjitā S.

9 'don pa daṅ || 'don (D 9b2 : gdon P) du 'jug pa'i 'du byed pa la sogs pa T 11a7f.

10 avirodhinī Ms 4b5, Yo 24,6 : aviraudhinī S.

prathamaṃ hi pravartamānam adhyakṣaṃ na tāvad dvijatvādi$_6$-vivekam upakalpayitum alam. tataḥ param upadeśo[1] 'pekṣyate. yadi pratyakṣato na pratīyāt, vacanād api naiva pratyeṣyati. tad api hi vacanam upalambham eva khyāpayati. na khalu puruṣa-vacanam aparijñānapravartitaṃ[2] niścayam upajanayati. puruṣaḥ paryanuyuktaḥ kathaṃ bhavatedam[3] ajñāyīti gotrasaṃskārādikam eva parijñānaviṣayatayopadiśati, na jā$_7$tyupalambhaṃ kathayati. saiva jātir iti cet, uktam atrottaram. dvijātitve kriyā, na tu tad eva dvijātitvam.

atha gotralakṣaṇā jātiḥ. tathā ca brahmaṇo 'patyaṃ brāhmaṇa iti hi vyapadiśanti.

brahmaṇo 'patyatāmātrāt brāhmaṇye 'tiprasajyate[4] |
na kaścid abrahmatanor[5] utpannaḥ kvacid[6] iṣyate ||67||

antarā jātibhedaś cen nirnimittaḥ kathaṃ bhavet |
antarāle kriyābhedād gotreṇārtho na kasyacit ||68||

atha dvijādigotrāṇām anā$_8$dir bheda iṣyate |
jñāyatāṃ sa kathaṃ nāma pramāṇasyāpravṛttitaḥ ||69||

kriyā tadaparijñānād akriyaiva prasajyate |[7]
avicchedaś ca gotrasya pratyetuṃ śakyate na hi[8] ||70||

---

1 gźan gyi ñe bar bstan pa T 11b2.

2 puruṣavacanam apari° Ms 4b6 (*vgl.* ma śes par źugs pa'i skyes bu'i tshig T 11b3, J 56b2) : puruṣavacanapari° S.

3 khyod kyis de T(D) 9b6 : khyod kyi de T 11b3.

4 brāhmaṇye ti° Ms 4b7 (*vgl.* tshaṅs pa las skyes bram ze na || ha can thal bar 'gyur ba yin T 11b5) : brāhmaṇyati° S.

5 abrahma° Ms 4b7 (*vgl.* tshaṅ pa'i lus las ma skyes pa T 11b5.) : abrāhma° S.

6 gaṅ na T 11b6 : gźan na T(D) 9b7.

7 *In der tibetischen Übersetzung findet sich hier ein Einschub, der im* Ms *keine Entsprechung hat*: de yi (D 10a1 : de'i P) bya ba mi śes phyir || bya ba med par thal bar 'gyur T 11b7.

8 hi *verb.* (*vgl.* rus ni T11b8; Y 288b3) : ca Ms 4b8, S.

avicchedo na niyataḥ kasyacid gotrabhāvinaḥ |
sūtamāgadhacaṇḍālāḥ kathaṃ saṃbhavino 'nyathā ||71||

jñāyanta eva te tajjñair iti cen niyamo na hi |
anādigotrapaddhatyām asyāṃ na skhalanaṃ striyā ||72||

iti jñātaṃ kathaṃ nāma kāmārtā hi sadā striyaḥ |
brāhmaṇatve sthi$_{5a}$te pūrvaṃ tadgotratvasya saṃbhavaḥ[1] ||73||

tadasthiteḥ[2] kathaṃ gotraṃ seyam andhaparaṃparā |[3]
atha śaktiviśeṣeṇa yogo brāhmaṇyam iṣyate ||74||

idānīṃ dṛśyate naiva śakter atiśayaḥ kvacit |
śrūyate pūrvakālaś cet sarvatreti vṛthāvacaḥ ||75||

sarvāgamaprasiddhānāṃ śakter atiśayo mahān |
yogināṃ gīyate pūrvasiddhānām avigānataḥ[4] ||76||

tasmān na śaktiviśeṣayogo[5] dvijātitvaṃ yuktam.[6]

na ca vedavacaḥ kiṃcid dvijatvādiprasādhakam[7] |
vyakteḥ sāmānya$_{2}$vacanam anuktasamam eva tat ||77||

na hi vedo devadattādīnāṃ brāhmaṇatvam upadiśati, sarvadā 'vidyamānatvāt, vedasya ca sarvadā bhāvāt. arthasyābhāvakāle vedopadeśaḥ kathaṃ sārthakaḥ. yadā bhaviṣyati, tadā tatheti[8] cet,

---

1 de yi rus pa srid pa ñid T 12a2.

2 tadasthiteḥ Ms 5a1 (*vgl.* de mi gnas (P : nus D 10a3) na T 12a2) : tadāsthiteḥ S.

3 *Die tibetische Übersetzung schiebt hier einen pāda ein, der im* Ms *keine Entsprechung hat*: rgyal rigs rje rigs dmaṅs rigs rnams T 12a2.

4 luṅ kun las ni rab grags pa || nus pa phul byuṅ chen po can || rnal 'byor grub pa can rnams sṅon || gdon mi za bar rab tu grags T 12a3.

5 °viśeṣa° *verb.*, S : °viśeṣe° Ms 5a1.

6 *In der tibetischen Übersetzung ist der Satz als Vers wiedergegeben* (*vgl.* de phyir nus pa'i khyad par daṅ || ldan pa bram zer rigs (D 10a5 : rig P) ma yin T 12a4).

7 dvijatvādiprasādhakam Ms 5a1 (*vgl.* bram ze la sogs par || sgrub byed T 12a4f.; dvijatvādi Se) : dvijātitvādi pra(?)sādhakaṃ S.

8 tatheti Ms 5a2 (*vgl.* de ltar yin no źe na T 12a6) : S.

anarthakaḥ kathaṃ vedaḥ paścād arthena saṃgataḥ |
udāsīnasvarūpasya tatra vyāpṛtatā katham ||78||

na khalv arthabhāvābhāvayor[1] vedasya viśeṣa upalabhyate. tatsvabhāvatve ca sarvadā, katham ayaṃ vibhāgaṃ pratīyā$_{3}$t.

tasmān nedaṃ brāhmaṇatvādikaṃ pratyakṣād upadeśād ubhayād vedād vā pratīyate. tad apratīyamānaṃ katham upayogīti kiṃ tena kartavyam. tataḥ saṃvyavahāramātraprasiddhaṃ brāhmaṇyam. tato brāhmaṇā api vedān nārthakriyākramakṛta iti kathaṃ vyavahārasaṃvādo vedāt. kasyacit tu vyavahāro vedaviparyayād apīti na vedāvedayor viśeṣaḥ. tasmān nāparīkṣitād vedān niyogamā$_{4}$trād eva pravartanaṃ yuktam. tato 'pravartakatvād aprāmāṇyam.

atha niyoktṛdharmatā niyogasya. tad ayuktam.

niyoktuḥ siddharūpatvān niyogasyāpi siddhatā |
saṃpādyo na niyogaḥ syāt siddhaṃ saṃpādyatāṃ katham ||79||

na khalu siddham aparanirapekṣaṃ kathaṃcit saṃpādayituṃ śakyam.[2] tathā cet, anuparatir eva saṃpādanāya, api tv ativyarthatā[3] pramāṇasya.[4]

atha niyojaka$_{5}$dharmatve 'pi niyojyaviṣayāpekṣayā[5] niyogas tathātvaṃ pratilabhate.

niyojyarahitaḥ kaścin na niyogaḥ pratīyate |
tathā niyogaviṣayaṃ vinā nāsti niyogatā ||79a||

tathā hi, niyukto 'ham anenātra viṣaya iti pratītiḥ, yataḥ

---

[1] khalv artha° Ms 5a2 (*vgl.* don yod pa daṅ med pa na (P : ni D 10a7) T 12a7) : khalu sva° S.

[2] bsgrub par rigs pa ma yin te T 12b5.

[3] saṃpādanāya, api tv ativyarthatā *verb.* : sampadanāya, api tv ativyarthatā Ms 5a4 : samp(ā)danāyā iti vyarthatā S.

[4] grub pa 'phro 'chad pa med pa'i phyir tshad ma don med par 'gyur ro T 12b5

[5] ṅes par sbyar bya daṅ yul la bltos nas T 12b5f. : ṅes par sbyar ba daṅ | yul la ltos nas T(D) 10b4.

niyogaḥ preraṇārūpo vinā na viṣayaṃ kvacit |
niyojyo 'pi niyojyatvam ātmanaḥ so 'vagacchati[1] ||80||

sa ca tathābhūto $_{6}$niyogaḥ sādhya eva. na khalu svavyāpārasādhanaṃ vinā niyogaḥ sādhita iti bhavati. evaṃ tarhi dhātvarthaniyogabhāvanānāṃ parasparasaṃbandho niyogaḥ.[2] sa ca pratītikāle nāsti. tat kathaṃ niyoge vākyārthe nirālambanatā na bhavet. na ca niyogaḥ parasparasāpekṣadhātvarthādivyatirekeṇāpara upalabhyate. saṃbandhaś ca hetuphalabhāvena $_{7}$vyavasthitānāṃ kramabhāvināṃ na pratibhāsagocaraḥ, svarūpapratibhāsasya vidyamānaviṣayatvāt, pararūpapratibhāsasya cātatpratibhāsatvāt. na khalv anyad anyarūpeṇa pratibhāsate. tathā ca nirālambanaivānyāpohaviṣayā[3] śrutiḥ.[4] tathā hi, kuru yāgādikam iti yāgakartṛkatvam ātmanaḥ pratītiviṣayaprāptaṃ manyamānaḥ pravartate. kriyāniṣṭhatā ca kartṛtvam, na ca pratītikāle tad asti. na ca śabdāt prāg-a$_{8}$pratipannaṃ pratyetuṃ śakyam. yena[5] hi prāg yāgādikriyāviṣṭo paraḥ pratipannaḥ, sa evātmanaḥ parasya vā tathābhāvam avagacchati, nānyaḥ. pūrvānusāreṇa ceyaṃ pratītir anyāpohaviṣayatātmano[6] nātikrāmati. na ca pratyakṣataḥ kartṛtvam api[7] pūrvaṃ pratipannam, paurvāparye pratyakṣasyāvṛtteḥ. sāṃvyavahārikapratyakṣāpekṣayā tu pratītir ity ucyate. sarvathā pūrvapratītyanusaraṇād ātmanaḥ kartṛtvapratītiḥ.

---

[1] ṅes par sbyar ba'aṅ sbyar bya yi || bdag tu de ni 'gyur ma yin T 12b7f.

[2] 'brel pa ṅes sbyor yin no Y 290b7f. : 'brel pa ṅes par sbyor ba yin na T 13a1.

[3] nirālambanaivānyāpohaviṣayā Ms 5a7 (*vgl.* dmigs pa med pa'i gźan sel ba'i yul can ñid do T 13a4) : nirālambane kānyāpohaviṣayā S.

[4] mñan pa T(D) 11a2, Y 291a6 : mñam pa T 13a4.

[5] gaṅ gis T(D) 11a3 : gaṅ gi T 13a5.

[6] anyāpohaviṣayatātmano *verb.* (*vgl.* gźan sel ba'i yul can gyi bdag ñid las T 13a6) : anyāpohaviṣayatām ātmano Ms 5a8, S.

[7] api *o.E.* T 13a6.

athā$_{5b}$pi na kartṛtvenāsau preryate, kiṃ tv adhikāritvenaiva. na hy akurvan kartā bhavati, adhikāritvaṃ tu yogyatayā. tad apy asat.

yogyatā viṣaye kvāpi vinā na viṣayeṇa sā |
viṣayātyakṣatāyāṃ ca pratītā yogyatā katham ||81||

na khalu yogyatāviṣayaṃ svavyāpāram[1] ajānānas tadviṣayaviśiṣṭāṃ[2] yogyatāṃ svarūpato 'vagacchati. tataḥ kartṛtvavad atrāpi doṣa[3] eva.

vicāragocarātīto vicāracaritaiḥ[4] katham |
niyoga $_{2}$iṣyate vākyasyārtha ācāryamuṣṭitaḥ[5] ||82||

na khalu vicāryamāṇo niyogaḥ kaścid asti, yathākalpanam ayogāt.

śuddhakāryasya kiṃ rūpaṃ niyogaḥ[6] kīrtitaḥ paraiḥ |
kevalā preraṇā kāryasaṃgatātha[7] viparyayaḥ ||83||

prādhānyāt kāryarūpatvaṃ niyogasya kim iṣyate |
kiṃ vā prerakatā tasya prādhānyād ucyate paraiḥ ||84||

kāryasya preraṇāyāś[8] ca saṃbandhe kiṃ niyogatā[9] |
niyogaḥ samudāyo[10] 'tha yad vā tadubhayāt paraḥ ||85||

$_{3}$yantrārūḍhas[11] tathābhīṣṭo[12] bhogyarūpo 'tha vā sa kim |
puruṣo vā niyogaḥ syād iti pakṣāḥ paraiḥ kṛtāḥ ||86||

---

[1] ruṅ ba ñid kyi yul daṅ raṅ gi bya ba T 13b1.

[2] svavyāpāram ajānāna{ḥ}s tadviṣaya° Ms 5b1, S (*vgl.* raṅ gi bya ba ma śes par ni yul de'i T 13b2).

[3] ñes par T(D) 11a7 : ñas par T 13b2.

[4] vicāra° Ms 5b1 (*vgl.* rnam dpyad la T 13b3) : vacāra S.

[5] slob dpon man ṅag las T 13b3.

[6] rūpan niyogaḥ Ms 5b2 : rūpaniyogaḥ S.

[7] °saṅgatā{rtha}‹tha› Ms 5b2, S.

[8] bskul ba yi T 13b5 : bskul ba'o T(D) 11b2.

[9] ṅes phyir T(D) 11b2 : ñid sbyar T 13b5.

[10] tshogs pa T(D) 11b2 : chogs pa T 13b5.

[11] 'khrul 'khor la gnas pa 'am T(D) 11b2 : 'khor la gnas pa 'am T 13b6.

[12] abhīṣṭo *o.E.* T 13b6.

śuddhakāryaniyogavādināṃ matam –

[A14]pratyayārtho niyogaś ca yataḥ śuddhaḥ pratīyate |
kāryarūpaś ca tenātra śuddhaṃ kāryam asau mataḥ ||87||

viśeṣaṇaṃ tu yat tasya kiṃcid anyat pratīyate |
pratyayārtho na tad yuktaṃ dhātvarthaḥ svargakāmavat ||88||

prerakatvaṃ tu yat tasya viśe$_{4}$ṣaṇam iheṣyate |
tasyāpratyayavācyatvāc[1] chuddhe kārye niyogatā[2] ||89||

śuddhapreraṇāniyogavādaḥ –

preraṇaiva niyogo ’tra[3] śuddhā sarvatra gamyate |
nāprerito yataḥ kaścin niyuktaṃ svaṃ prabudhyate ||90||

preraṇāsaṃgatakāryaniyogapakṣaḥ –

mamedaṃ[4] kāryam ity evaṃ jñātaṃ pūrvaṃ yadā bhavet |
svasiddhau[5] prerakaṃ[6] tat syād anyathā tan na sidhyati[7] ||91||

kāryasaṃgatapreraṇāvādinaḥ prā$_{5}$huḥ –

preryate puruṣo naiva[8] kāryeṇeha vinā kvacit |
tataś ca preraṇā proktā niyogaḥ kāryasaṃgatā ||92||

kāryasyaivopacārataḥ pravartakatvavādinaḥ prāhuḥ[9] –

preraṇāviṣayaḥ kāryaṃ na tu tat prerakaṃ svataḥ |
vyāpāras tu pramāṇasya prameya upacaryate ||93||

---

[1] tasya *o.E.* T 13b8.

[2] chuddhe kārye niyogatā Ms 5b4, AS 6,4 (*vgl.* bya ba dag pa ṅes sbyor ñid T 13b8f.) : chabde kāryaniyogatā S.

[3] niyogo tra Ms 5b4 (*vgl.* ’dir ni ṅes sbyor yin par rtogs T 14a1) : niyogetra S.

[4] ’di T 14a2 : ’dir T(D) 11b5.

[5] raṅ grub bya phyir T 14a2.

[6] skul byed do T(D) 11b5 : skul byed du T 14a2.

[7] mi ’grub T 14a3 : mi ’gyur T(D) 11b5.

[8] skyes bu bskul bar bya ba min T(D) 11b6 : skyes bu bskul bar smra ba min T 14a3.

[9] ñe bar btags nas ’jug par byed pa’i bya ba ñid ’jug byed du smra ba na re ni T 14a4.

saṃbandha evobhayor niyoga ity apare[1] –

preraṇā hi vinā kāryaṃ[2] prerikā naiva kasyacit |
kāryaṃ $_6$vā preraṇāṃ yogo[3] niyogas tena saṃmataḥ ||94||

samudāyavāde 'py ayam abhiprāyaḥ[4] –

parasparāvinābhūtaṃ dvayam etat pratīyate |
niyogaḥ samudāyo 'smāt[5] kāryapreraṇayor mataḥ[6] ||95||

apare punar āhuḥ – ubhayasvabhāvanirmukto[7] vākyārthaḥ.

siddham ekaṃ yato brahma gatam āmnāyataḥ[8] sadā |
siddhatvena[9] na tat kāryaṃ prerakaṃ kuta eva tat ||96||

yantrārūḍhaniyoga$_7$vādināṃ matam –

kāmī yatraiva[10] yaḥ kaścin niyoge sati tatra saḥ[11] |
viṣayārūḍham ātmānaṃ manyamānaḥ pravartate ||97||

bhogyarūpaniyogavādināṃ pravādaḥ –

mamedaṃ bhogyam ity evaṃ bhogyarūpaṃ pratīyate |
mamatvena ca vijñānaṃ bhoktary eva vyavasthitam ||98||

svāmitvenābhimāno hi bhoktur yatra[12] bhaved ayam |

---

1 gźan dag na re T 14a5.

2 kāryaṃ Ms 5b5, AS 6,10 : kārya S.

3 preraṇāṃ yogo Ms 5b6 (*vgl.* bya ba med pa'i skul ba 'am || skul med bya ba 'ga' yaṅ ni Y 293a7; bskul ba med par 'bras bu 'am || 'bras med bskul ba 'ga' yaṅ ni T 14a5) : preraṇā yogo S : preraṇāyogo AS 6,10f.

4 tshogs par smra ba'i bsam pa ni T 14a6.

5 gaṅ phyir T 14a6, Y 293b4.

6 mataḥ Ms 5b6, AS 6,12 (*vgl.* 'dod T 14a6) : yataḥ S.

7 gñi ga'i raṅ bźin las ṅes par grol ba T 14a7 : gñi ga'i raṅ bźin las ṅes par sbyor ba T(D) 12a2.

8 man ṅag las rtogs so T 14a7 : man ṅag la ltos so T(D) 12a2.

9 grub pa'i phyir Y 293b6 : gaṅ phyir T 14a7.

10 eva *o.E.* T 14a8.

11 saḥ Ms 5b7, AS 6,14 (*vgl.* de (D 12a2 : des P) ni T 14a8) : sa S.

12 bhoktur yatra AS 6,16 (*vgl.* spyod pa gaṅ du T 14b2) : bhoktary atra Ms 5b7, S.

bhogyaṃ tad eva vijñeyaṃ tad eva svaṃ nirucyate[1] ||99||

sādhyarūpatayā yena mamedam iti gamyate |
tatprasādhyena $_{8}$rūpeṇa[2] bhogyaṃ svaṃ vyapadiśyate ||100||

siddharūpaṃ hi yad bhogyaṃ na niyogaḥ sa tāvatā |
sādhyatveneha bhogyasya prerakatvān niyogatā ||101||

puruṣaniyogavādinaḥ[3] –

mamedaṃ kāryam ity evaṃ manyate puruṣaḥ sadā |
puṃsaḥ kāryaviśiṣṭatvaṃ niyogo 'sya ca vācyatā[4] ||102||

kāryasya siddhau jātāyāṃ tadyuktaḥ puruṣas tadā |
bhavet sādhita ity evaṃ pumān vākyārtha ucyate[5] ||103||

sarvatra ca vākyārthe 'ṣṭaprakāro $_{6a}$bhedaḥ –

pramāṇaṃ kiṃ niyogaḥ syāt prameyam atha vā punaḥ |
ubhayena vihīno vā dvayarūpo 'tha vā punaḥ ||104||

śabdavyāpārarūpo vā vyāpāraḥ puruṣasya vā |
dvayavyāpārarūpo vā dvayāvyāpāra eva vā ||105||[6]

atrocyate – sarvam etad[7] asaṃgatam. yataḥ

preraṇārahitaṃ kāryaṃ niyojyena vivarjitam |
niyogo naiva kasyāpi niyoga iti kīrtyate[8] ||106||[9]

---

[1] nirucyate Ms 5b7, AS 6,17 (*vgl.* brjod T 14b2) : nirūpyate S.

[2] de'i sgrub bya'i raṅ bźin gyis (D : gyi P) Y 294a8 : de ni sgrub bya'i raṅ bźin gyis T 14b3.

[3] skyes bu ṅes par sbyor bar smra ba dag brjod pa ni T 14b4.

[4] ṅes sbyor brjod bya'aṅ de ñid yin T 14b4.

[5] brjod T 14b5 : brtson T(D) 12a6.

[6] *Vgl.* AS 10,14ff.: so 'pi hi pramāṇarūpo vā syāt prameyarūpo vā tadubhayarūpo vā anubhayarūpo vā puruṣavyāpārarūpo vā śabdavyāpārarūpo vā dvayavyāpārarūpo vādvayavyāpārarūpo vety aṣṭau vikalpān nātikrāmati.

[7] 'dir brjod pa | 'di thams cad T 14b7 : 'dir brjod pa ñid thams cad T(D) 12a7.

[8] ṅes sbyor źes ni rab brjod pa || 'ga' yaṅ ñe bar sbyor ma yin T 14b7 (*vgl.* upayogo na kasyāpi Se).

[9] *Vgl.* AS 9,19-10,1: na tāvat kāryaṃ śuddhaṃ niyoga iti pakṣo ghaṭate preraṇāniyojyavarjitasya niyogasyāsaṃbhavāt. tasmin niyogasaṃjñākaraṇe svaka-

vṛttir niyogaśabdasya śuddhe kārye yadā matā |
saṃjñāmātrān $_2$niyogatvaṃ bhavat kena nivāryate ||107||

yuktas[1] tu puruṣaḥ kārye[2] yatra[3] naiva pratīyate |
niyogaḥ sa[4] kathaṃ nāma siddhātītādibodhavat ||108||

niyojakasya dharmo 'yaṃ niyogo lokasaṃmataḥ[5] |
tad eva kāryam iti cet siddhatvān nāsya sādhyatā ||109||

sādhyatvena niyogo 'yam iti ced vyapadiśyate |
viṣaye tasya tattvena upacārāt prakīrtanam ||110||

asiddhasya ca tasyāstu kathaṃ prerakarūpatā |
sādhyatve$_3$nāvabodho 'sya prerakatvaṃ yadīṣyate ||111||

aprasiddhasya sādhyatvaṃ bodhaḥ siddhātmakasya ca |
parasparaviruddhatvam ekasya katham iṣyate ||112||

sādhyarūpatayā tasya pratītiḥ prerikā yadi |
niyogatvaṃ pratīteḥ syān na niyogasya tattvataḥ ||113||

tathā,

niyogo yadi vākyārthaḥ pramāṇaṃ kiṃ bhaviṣyati |
mānarūpo niyogaś cet prameyaṃ kiṃ punar[6] bhavet ||114||

niyogaḥ puru$_4$ṣasyeṣṭo vyāpāras tattvato yadi |
vyāpāraḥ puruṣasyāsau bhāvanaivānyavācakā ||115||

vākyavyāpārapakṣe tu bhavet sā[7] śabdabhāvanā[8] |

---

mbalasya kūrdāliketi nāmāntarakaraṇamātraṃ syāt. na ca tāvatā sveṣṭasiddhiḥ.

[1] yuktas Ms 6a2 (*vgl.* sbyor ba T 14b8) : yaktas S.

[2] bya ba la T 14b8 : byed pa la T(D) 12b2.

[3] yatra Ms 6a2 (*vgl.* gaṅ du T 14b8) : tatra S.

[4] sa (*vgl.* de źes bya ba ni Y 294b7) *o.E.* T 15a1.

[5] ṅes sbyor yin par 'jig rten 'dod || ṅes par sbyor (D 12b2 : sbyar P) bar bya ba'i chos T 15a1.

[6] punar (*vgl.* yin na 'aṅ T 15a5) *o.E.* T(D) 12b5.

[7] sā (*vgl.* sgra yi (D : sgra'i P) sgom par de (P : der D) 'gyur te (D : gyi P) Y 297b1) *o.E.* T 15a6.

[8] °bhāvanā Ms 6a4, Yo 33,3 : °bhāvana S.

śabdātmabhāvanām āhur anyām eva liṅādayaḥ[1] ||116||

śabdād eva tv asau jātā[2] puruṣaḥ kiṃ pravartate |
śabdena prerito no cet svavyāpāre pravartate ||117||

śabdenācoditatve 'sya katham astu pravartanam |
śabdena codane ta$_5$sya nirālambanatā dhiyaḥ ||118||

evaṃ yantrārūḍhādayo 'pi vākyārthā vācyadoṣāḥ. yataḥ

yantrārūḍhatayā[3] bhogyabhoktroḥ[4] saṃbandha ucyate |
na saṃbandho 'sti bhogyātmārūḍhaś ca na naras tadā ||119||

pratītikāle sarvasya sādhyatvenāsvarūpatā |
tad eva tasya rūpaṃ cen na sādhyatvasya hānitaḥ ||120||

evaṃ niyogaḥ pratyākhyātaḥ.

bhāvanedānīṃ vicāryate. [A15]bhāvanā hi dvi$_6$dhā. śabdabhāvanārthabhāvanā[5] ca. yad āha –

śabdātmabhāvanām[6] āhur anyām eva liṅādayaḥ |
iyaṃ tv anyaiva sarvārthā[7] sarvākhyāteṣu vidyate[8] ||121||

śabdabhāvanā śabdavyāpāraḥ. śabdena hi puruṣavyāpāro bhāvyate. puruṣavyāpāreṇa dhātvarthaḥ, dhātvarthena ca phalam.

---

[1] liṅ ṅa la sogs sgra yi bdag || bya ba gźan du brjod pa yin T 15a6; sgra yi (D : sgra'i P) bdag ñid byed par brjod | liṅ ga la sogs gźan yin no Y 297b2. *Vgl.* TV II, 344,8f.: abhidhābhāvanām āhur anyām eva liṅādayaḥ |

[2] jātā Ms 6a4 (*vgl.* de ñid sgra yi las 'gyur bas T 15a6; de ni sgra ñid las (*verb.* : la PD) 'gyur bas Y 297b5) : jātāḥ S.

[3] 'khrul 'khor dmigs pas T 15a8.

[4] °bhoktroḥ *verb.*, S : °bhoktro Ms 6a5.

[5] śabdabhāvanārthabhāvanā AS 19,6 : śabdabhāvanā arthabhāvanā Ms 6a6, S.

[6] sgra yi gnas | sgom pa T 15b2.

[7] don kun Y 298b4 : kun 'dod T 15b3.

[8] *Vgl.* TV II, 344,8f.: abhidhābhāvanām āhur anyām eva liṅādayaḥ | arthātmabhāvanā tv anyā sarvākhyāteṣu gamyate ||

idaṃ cāyuktam. śabdavyāpāro hi na śabdavācyaḥ.[1] taṃ prati kārakaḥ śabdaḥ, na vācakaḥ.[2] atha pratipādakaḥ.[3] tathā $_{7}$hi,

[A16]śabdād uccaritād ātmā niyukto gamyate naraiḥ |
bhāvanātaḥ paraḥ ko vā niyogaḥ parikalpyatām ||122||

[A17]śabdabhāvanaiva khalu niyoga iti śabdāntareṇocyate. tad asat. [A18]yadi śabdavyāpāraḥ, katham agṛhītasaṃketo nāvagacchati. svabhāvato hi niyojakatve na saṃketagrahaṇam upayogi. saiva sāmagrī cet, nanu sāmagrī yadi preraṇe bhāvanāyāṃ vā vyāpriyate[4] yuktam[5] etat.

yāvatā

saṃketagrahasāmagrī vyāpṛtārtha$_{8}$sya vedane |
arthapratītau puruṣaḥ[6] svayam eva pravartate ||123||

[A19]idaṃ kurv iti[7] preraṇādhyeṣaṇayor eva pratītiḥ. tadapratipattau na niyuktatvapratipattiḥ.[8] niyuktatvaṃ ca nāma kārye vyāpāritatvam. kāryavyāpṛtām[9] avasthāṃ pratipadya niyojako niyuṅkte.[10] sā ca tasya bhāviny avasthā na svarūpeṇa sākṣātkartuṃ śakyā. svarūpasākṣātkaraṇe hi sarvaṃ tadaiva siddham iti na niyogaḥ syāt saphalaḥ.

---

[1] na śabdavācyaḥ *verb.*, Se, Yo 34,4 (*vgl.* sgra'i brjod bya ma yin T 15b4) : ‹?› śabdavācyaḥ Ms 6a6.

[2] brjod par bya ba T 15b4.

[3] atha pratipādakaḥ *verb.* (*vgl.* ci ste rtogs par byed pa yin te T 15b4f.) : a‹?›pratipādakas Ms 6a6 : apratipādakaḥ S.

[4] gal te bskul lam bsgom pa la byed pa yin na | de ñid tshogs pa yin pa T 15b7.

[5] °te yuktam Ms 6a8 (*vgl.* rigs pa ma yin nam T 15b7) : °te (a)yuktam S.

[6] don rtogs pa yi (: pa'i Y 299b3) skyes bu ni T 15b8; arthapratītau puruṣasya AS 20,13f.

[7] ces bya bas T15b8.

[8] tadapratītau niyuktatvāpratipatteḥ AS 20,15.

[9] kārye vyāpṛtatām AS 20,15.

[10] niyuṅkte Ms 6a8, AS 20,16 (*vgl.* ṅes par sbyor ba yin T 16a2) : niryukte S.

[A20]yathā prayojakas tatra bādhya$_{6b}$mānapratītikaḥ |
prayojyo[1] 'pi tathaiva syāc chabdo buddhyarthavācakaḥ ||124||

yathaiva hi prayojakasya prayojyena[2] svavyāpāraśūnyam ātmānaṃ pratiyatā[3] prayojakapratītir[4] bādhyamānā nirālambanā, tathā prayojyapratītir[5] api tenaiva svavyāpārāviṣṭam ātmānam apratiyatā[6] bādhyate.[7] śabdāt tasya sā pratītir iti cet, nāsty etat. [A21]so 'pi śabdo buddhyartham eva khyāpayati, evaṃ mayā pratipāditam, evaṃ mayā pratipannam iti dvayor apy adhyavasāyāt. atha vā, evaṃ $_{2}$tāvat pratipannaṃ mayā, asya tv abhiprāyo bhavatu mā vā bhūt. tathā bhavatv evam artho mā vā bhūt, mayā tāvad evaṃ pratipannam. ata evāha[8] –

[A22]**vaktṛvyāpāraviṣayo yo 'rtho buddhau prakāśate |**
prāmāṇyaṃ tatra śabdasya nārthatattvanibandhanam || (PV II 2)

vaktṛvyāpāraviṣaya iti yatra vaktāsti. **buddhau prakāśata** iti yatra sa nāsti. atha vā tadukter eva tatra vaktāstīti gamyatām, yajjātīyo[9] yata iti nyāyāt.

---

[1] prayojyo Ms 6b1, Yo 35,3, AS 21,1 : prayaujyo S.

[2] prayo{..}‹jaka›sya prayojye{ka}na Ms 6b1, AS 21,1, S.

[3] *Vgl.* PV I 121cd: taṃ tasyāḥ pratiyatī dhīr bhrāntyaikaṃ vastv ivekṣyate : pratīyatā AS 21,2.

[4] prayojakatvapra° AS 21,2.

[5] prayojyatvapra° AS 21,3.

[6] apratīyatā AS 21,3.

[7] ji ltar rab tu sbyar bar bya ba raṅ gi bya bas stoṅ par bdag ñid rtogs pas rab tu sbyor bar byed pa'i rtogs pa la gnod par gyur pa'i phyir | rab tu sbyor bar byed pa dmigs pa med pa de bźin du | rab tu sbyar bar bya ba'i rtogs pa yaṅ de ñid kyis bdag ñid raṅ gi bya ba daṅ mi ldan par rtogs par gnod pa yin no T 16a4f.

[8] eva *o.E.* T 16a7.

[9] yajjātīyo *verb.*, Se, Yo 38,11 (*vgl.* rigs gaṅ gaṅ (P : gaṅ *fehlt* D) las T 16a8; PV I 242a) : {ta}‹?›jjātīyo Ms 6b2.

atha vā tadaviśeṣāt sarvam evāpauruṣeyam.[1] puruṣa$_{3}$kṛter bādhanān[2] naivaṃ cet, atrāpy atīndriyatvāt puruṣakṛteḥ[3] sā[4] na bādhiketi kuta etat. atha vā apauruṣeyam eva tad vacanam, puruṣasya tu mayā kṛtam etad iti bhrāntiḥ.[5] tathā hi,

atyantanaṣṭo yo granthaḥ pratibhāty eva[6] kasyacit |
mayā kṛta[7] iti prāptābhimānasya kṣatasmṛteḥ ||125||

kavayo 'pi janmāntarānubhūtam eva grantham[8] kavitvena notprekṣanta[9] iti kuta etat. tathā ca sarvam apauruṣeyam.

vyarthakatvam api $_{4}$tathā bhavatīti[10] vyartham apauruṣeyatvaṃ tatra,[11]

samānam etad[12] vede 'pi tatrāpi vyarthatekṣyate[13] |
anyārthakalpanāyāṃ ca samānam ubhayaṃ bhavet ||126||

vedāvedayor vyarthatāpauruṣeyatākalpanā ca samānaiva.

anyārthakalpanāyāṃ na vyarthateti cet,

---

[1] thams cad skyes bu ma byas pa ñid do T 16b1 : thams cad kyaṅ skyes bu ma byas pa ñid do T(D) 13b6.

[2] bbādhanān Ms 6b2 : vvādhanān S.

[3] skyes bu byas pa T 16b1 : skyes bus ma byas pa T(D) 13b6.

[4] sā (*vgl.* skyes bus byas pa (D : pas P) de skyes bus ma byas pa ñid kyi gnod byed ma yin no Y 301a3) *o.E.* T 16b2.

[5] skye bu 'di ṅas byas so sñam pa ni 'khrul pa yin te T(D) 14b7 : skye bu 'di ṅas byas so sñam pa 'di 'khrul pa yin te T 16b2.

[6] eva *o.E.* T 16b3.

[7] byas pa yin T 16b3 : byas pas yin T(D) 13b7.

[8] gźuṅ T 16b3 : gźuṅ 'di T(D) 14b7.

[9] kavitvena notprekṣanta *verb.* (*vgl.* sñan dṅags mkhan gyis rtog pa ma yin no T 16b4) : kavitvenotprekṣyanta Ms 6b3, S.

[10] don med par yaṅ de bźin du 'gyur ba'i phyir J 64b8f.; de lta yin na don med par yaṅ 'gyur na T 16b4 : de gźan du don med par yaṅ 'gyur na T(D) 14a1.

[11] de la J 65a1, Y 301b5 : de las T 16b4.

[12] etad Ms 6b4 (*vgl.* 'di T 16b5, J 65a1) : atra S.

[13] vyarthatekṣyate Ms 6b4, Se (*vgl.* don med pa ñid mthoṅ T 16b5; Y 301b5f.) : vyarthateṣyate S.

satyārthakalpanā tatra[1] pauruṣeyy eva kalpyatām |
asatyārthāvabhāsas tu prathamo yaḥ sa vedataḥ ||127||[2]

ata āha – **vaktṛvyāpāra**[3] ityādi. vedārthaṃ prāthami$_{5}$kaṃ parityajya **yo 'rtho buddhivyāpāraviṣayas tatra prāmāṇyaṃ** puruṣabuddher eva, **arthatattvanibandhanaṃ**[4] **na śabdasye**ti vyastapadasaṃbandhaḥ.

tathā hi taṃ parityajya vedārthaṃ prathamaṃ naraḥ |
pramāṇaśuddham anyārthaṃ[5] kalpayet tanmatiḥ pramā ||128||

so 'pi vedārtha eveti[6] na pramāṇam ihāsti vaḥ |
vedādhipatyato jāter iti cet prathamo na kim ||129||

tasyāpi ca tadarthatve vyartho vedaḥ kathaṃ na saḥ[7] |
tathā ca sati saṃdehe 'pau$_{6}$ruṣeye na mānatā[8] ||130||

vede 'rthatattvasya prāthamikasyābhāvāt citrayā yajeta paśukāma[9] iti vyarthakatvāt. karma vaiguṇyavat tatreti cet,[10] na, pramāṇābhāvāt. anyārthakalpanā tu puruṣaprayatnād bhavantī puruṣakṛtaiva. tathā coktam – sā kim aśabdaliṅgā svayaṃ kathaṃcid anusmarato na bhavati.[11] sarva eva[1] ca vedād ātmānaṃ niyuktaṃ manyate pūrvānusāreṇa.

---

[1] der Y 301b8 : de T 16b6.

[2] bden pa'i don du rtogs pa ni || skyes bus byas par de brtag bya || mi bden don du snaṅ ba ni || daṅ por rig byed ñid las yin T 16b6.

[3] 'chad pa po'i byed pa'i yul T 16b7.

[4] evārtha° Ms 6b5 : eva nārtha° S.

[5] tshad mas yoṅs su dag pa'i don T 16b8.

[6] de yaṅ rig byed don yin źes T(D) 14a4 : de yaṅ rig byed don byed źes T 16b8f.

[7] saḥ *o.E.* T 17a1.

[8] tshad ma ma yin no Y 302a6 : tshad ma yin T 17a2.

[9] *Vgl.* ŚBh ad MSū 1,4,3.

[10] der las ñams pa'i phyir ro źe na T 17a2f.

[11] PVin I 32,19f.: sgra daṅ rtags med par de raṅ ñid ji źig ltar yaṅ dran par mi 'gyur ram ci; s. 20,9f.

[A23]niyogaś ca[2] śabdabhāvanā$_{7}$rūpo[3] yadi vākyārthaḥ,[4] tathā sati devadattaḥ paced iti kartur anabhidhānāt kartṛkaraṇayos tṛtīyeti[5] tṛtīyā prāpnoti. kartrabhidhāne tu anabhihitādhikārāt[6] tiṅaivoktatvān[7] na bhavati. kiṃ ca, pacatīti kartāpi pratīyate.

vyāpārasāmarthyāt kartur ākṣepād evaṃ pratītir iti cet, na.

[A24]kramapratītir[8] evaṃ syāt prathamaṃ bhāvanāgatiḥ |
tatsāmarthyāt punas tasmād[9] yataḥ kartā pratīyate ||131||

na ca kramapratītir upalabhyate. [A25]dvivacanabahuvacane ca na $_{8}$prāpnutaḥ, ekatvād vyāpārasya. atha kārakabhedād vyāpārabhedo[10] bhaviṣyatīti[11] cet, kriyate kaṭo devadattayajñadattābhyām iti mahadasamañjasatvaṃ syāt. tathā hi,[12]

ekatvāt karmaṇaḥ prāptaṃ kriyaikatvaṃ tathā[13] bhidaḥ[14] |
kartur bheda[15] itītthaṃ ca kiṃ kartavyaṃ vicakṣaṇaiḥ ||132||

---

[1] eva *o.E.* T 17a4.

[2] ni T 17a4, Y(D) 250a5.

[3] *Vgl.* v.116.

[4] °rūpo yadi vākyārthaḥ Ms 6b7 (*vgl.* niyogo yadi śabdabhāvanārūpo vākyārthas AS 22,13) : °rūpaḥ yadi sa vākyārthaḥ S (*vgl.* ṅes par sbyor ba ni sgra'i bya ba'i raṅ bźin yin te | gal te de ṅag gi don yin pa T 17a4).

[5] Pāṇini 2,3,18.

[6] Pāṇini 2,3,1.

[7] tiṅ ṅe 'dzin ñid kyis brjod pa'i phyir T 17a5.

[8] °pratīter AS 22,18.

[9] punas tasmād (*vgl.* phyis (D : phyas P) źes bya ba ni de'i 'og tu'o || de las źes bya ba ni bsgom pa rtogs pa las so Y 303a4; yaṅ ste phyis de las te bya ba rtog pa las so J 66b8) *o.E.* T 17a7 (*vgl.* punaḥ paścāt AS 22,18).

[10] svavyāpārabhedo AS 22,19f.

[11] vyāpārabhedo bhaviṣyatīti Ms 6b8, Yo 37,11 (*vgl.* bya ba tha dad pa yin no (D 14b3 : do P) źes na T 17a8) : vyāparabhedo bhaviṣyatīti S.

[12] 'di ltar Y 303a8f. : bya ba gcig yin pa'i phyir ro T 17a8.

[13] tathā (*vgl.* de bźin du Y 303b1) *o.E.* T 17b1.

[14] tha dad pas T 17b1.

[15] kartṛbhedād AS 23,1.

nanu [A26]dhātvarthasyābhedād ekavacanaṃ[1] devadattayajñadattābhyām āsyate.[2] sa ca dhātvartho na niyogaḥ, niyogasya pratyayārthatvāt. sa ca dhātvarthātiriktaḥ $_{7a}$kartṛsādhyaḥ.[3] tasya kartṛbhedād bheda iti tataḥ kaṭaṃ kuruta iti bhavati. dhātvarthas tu śuddho na kārakabhedād[4] bhedī. tad asat.

saṃbandhād yadi tadbhedo[5] dhātvarthasyāpy asau bhavet |
so 'pi nirvartya eveti[6] tadbhedenaiva[7] bhidyatām ||133||

asmākaṃ tu,

vivakṣāparatantratvād bhedābhedavyavasthiteḥ |
lābhidhānāt[8] kārakasya sarvam etat samañjasam ||134||

kriyā hi kartuḥ karmaṇaś ca bhedena vivakṣyate. sā yadā[9] lakāreṇā$_{2}$bhidhīyate, na kartā,[10] tadā kartari tṛtīyā bhavati. yadābhidhīyate,[11] tadā prathamārthatvāt prathamā bhavati. kriyate mahātmanā, karoti mahātmeti.

yadā bhedavivakṣāsya bhāvanārthasya jāyate[12] |
lakāreṇābhidhānaṃ ca[13] tṛtīyā kartur īpsyatām ||135||

---

1 °bhedād eka° *verb.*, S (*vgl.* tha mi dad pa'i phyir | cig gi T 17b1) : °bhedo deka° Ms 6b8.

2 gal te lhas byin daṅ mchod byin dag gis 'dug go źes khams kyi don tha mi dad pa'i phyir | cig gi tshig tu 'gyur ba ma yin nam T 17b1f.

3 byed pa po'i bsgrub bya yin pas T 17b2.

4 byed pa po tha dad pas T 17b3 : byed pa po yaṅ tha dad pas T(D) 14b5.

5 tad° *o.E.* T 17b3.

6 eveti Ms 7a1 (*vgl.* bsgrub bya ñid yin phyir T 17b4) : ev(ātaḥ) S.

7 eva *o.E.* T 17b4.

8 la yaṅ brjod pas T 17b4.

9 yadā Ms 7a1, AS 23,7 (*vgl.* gaṅ gi tshe T 17b5) : yadi S.

10 karttā Ms 7a2 (*vgl.* byed pa (D 14b7 : pa *fehlt* P) po T 17b5) : kartrā S.

11 yadā kartābhidhīyate AS 23,7f.

12 jāyate Ms 7a2 (*vgl.* 'gyur ciṅ T 17b6) : jñāyate S.

13 ca *o.E.* T 17b6f.

yadābhedavivakṣāsya kartā lenābhidhīyate |
tenaivoktes tṛtīyāsti na kartur[1] iti gamyatām ||136||

yadā tu [A27]kartṛvyāpāraḥ, tiṅā[2] pratipādyate.[3] sa eva ca $_{3}$bhāvanā. tathā cāha – bhāvārthāḥ[4] karmaśabdāḥ.[5] bhāvanaṃ bhāvo ṇyantād acpratyayaḥ.[6] tathā ca sati bhāvanaivāsau, bhāvanā ca kartṛvyāpāraḥ. sa coditaḥ kartā[7] svavyāpāre pravartate. niyogasya ca[8] taccheṣatvād apradhānatvād[9] avākyārthatvam. niyogaviśiṣṭatvāc ca bhāvanāyās tathā pratipādane[10] niyamena pravartate. kathaṃ cāsau sva$_{4}$vyāpāraṃ pratīyann eva[11] na pravartate. anyathā svavyāpāra eva na codito bhavet.[12] tad etad asat.

vyāpāra eṣa mama kim avaśyam iti manyate |
phalaṃ vinaiva[13] naivaṃ cet sāphalye 'dhigamaḥ kutaḥ[14] ||137||

---

[1] karttur Ms 7a2, Yo 39,2 (*vgl.* byed po'i T 17b7) : kattur S.

[2] tiṅā *verb.* (*vgl.* AS 23,10; *tiṅ ṅas* (D 15a2 : *gtiṅ ṅes* P) T 17b8) : tipā Ms 7a2, S.

[3] gaṅ gi tshe byed pa po'i bya ba yin pa de'i tshe tiṅ ṅas (D 15a2 : gtiṅ ṅes P) rtog par bya ba yin la T 17b7f.

[4] °rthāḥ Ms 7a3 : °rthā S.

[5] *Vgl.* MSū 2,1,1: bhāvārthāḥ karmaśabdās tebhyaḥ kriyā pratīyetaiṣa hy artho vidhīyate.

[6] ṇyantād acpratyayaḥ *verb.* (*vgl.* bhavater ṇijantāt 'er ac' ity acpratyaye kṛte bhāvanāvācinaṃ bhāvaśabdaṃ TV II 339,7f.; ṇyantād ghañpratyayaḥ AS 23,11f.) : ṇyantasya pratyayaḥ Ms 7a3, S (*vgl.* ṇyantasya ghañ iti pāṭhāntaram AS 23: *Anm.* 44) : bskul (: skul Y) ba'i rkyen to T 17b8, Y 304a2f.

[7] karttā Ms 7a3 (*vgl.* byed pa po T 18a1) : kartrā S.

[8] ni T 18a1.

[9] de'i lhag ma yin pa'i phyir daṅ de gtsor gyur pa ma yin pa'i phyir T 18a1f.

[10] rtog pa na Y 304a6 : rtog pa ni T 18a2.

[11] pratīyann eva AS 23,14 (*vgl.* rtog pa ñid kyis T 18a2) : pratiyann eva Ms 7a4 : pratipanne (?nnotra) S.

[12] eva na codito bhavet AS 23,14f. (*vgl.* bskul ba ñid du mi 'gyur ro źe na T 18a3) : eva tasya na codito bhavet Ms 7a4, S.

[13] 'bras bu med par ṅes pa yi || bya ba ñid ces sems sam ci T 18a3.

[14] 'bras bu daṅ bcas par ga las rtogs Y 304a8 : 'bras bu rtogs pa gaṅ las yin T 18a3f.

yady avaśyam eṣa mama vyāpāra iti matiḥ, tad ayuktam. na hi phalam apaśyan[1] mamedaṃ kartavyam iti kaścit pratyeti. saphalatve[2] pravartate. $_{5}$saphalatvaṃ nāvagamyata iti pratipāditam.

kiṃ ca,

[A28]yajate pacatīty atra bhāvanā[3] na pratīyate |
yajyādyarthātirekeṇa[4] tasyā vākyārthatā kutaḥ ||138||

pākaṃ karoti yāgaṃ ca yadi bhedaḥ pratīyate[5] |
evaṃ saty anavasthā syād asamañjasatākarī ||139||

karoti yāgam, svavyāpāraṃ niṣpādayati, yāganiṣpattiṃ nirvartayati. vyapadeśā ete $_{6}$yathākathaṃcid bhedapuraḥsarāḥ.[6] naitebhyo 'sti padārthatattvavyavasthā.

[7]śilāputrakasya śarīram iti bhedavyavahārā bhedam antareṇāpi dṛśyante.[8]

---

1 'bras bu ma mthoṅ ba T 18a4 : 'bras bu daṅ bcas pa ma mthoṅ bar T(D) 15a5.

2 'bras bu daṅ bcas pa ñid kyis T 18a4f.

3 bsgom bya T 18a5.

4 yajyādyarthātirekeṇa AS 24,2 : yajyarthād atirekeṇa Ms 7a5, S (*vgl.* mchod sbyin don las tha dad pa'i T 18a5).

5 tha dad par rtogs na Y 304b3 : tha dad par rtogs pa T 18a6.

6 'di dag ni rnam pa 'ga' źig ltar tha dad par rtogs pa sṅon du byas pa'i tha sñad yin te T 18a7; bhedaparikalpanapurassarāḥ AS 24,6.

7 *In der tibetischen Übersetzung ist der Satz als Vers wiedergegeben* (*vgl.* mchi gu'i lus źes bya ba yi || tha dad pa yi tha sñad ni || tha dad med kyaṅ mthoṅ ba yin T 18a8).

8 bhedavyavahārā bhedam antareṇāpi dṛśyante Ms 7a6 (*vgl.* tha dad pa yi tha sñad ni || tha dad med kyaṅ mthoṅ ba yin T 18a8) : na bhedavyavahārā bhedam antareṇāpi dṛśyante S : bhedavyavahāro bhedam antareṇāpi dṛśyate AS 24,6f.

tathā[1] dvijasya vyāpāro yāga ity api gīyate[2] |
tataḥ parā punar[3] dṛṣṭā karotīti na hi kriyā ||140||

yajikriyāpi dravyasya viśeṣād aparā na hi |
sāmānādhikaraṇyena devadattatayā gateḥ[4] ||141||

$_{7}$nanu ca[5] [A29]kiṃ karoti devadattaḥ pacati yajatīti praśnottaradarśanāt[6] karotīti niścite sati[7] yajyādiṣu saṃdehād anyattvaṃ prasiddham eva.[8] tathā cāha – na ca śarīram eva buddhis tatsiddhāv api buddhivikalpe saṃśayāt.[9] tad etad ayuktam.[10]

[A30]karotyarthayajatyarthau[11] vibhinnau yadi tattvataḥ |
anyat saṃdigdham anyasya kathane durghaṭaḥ kramaḥ[12] ||142||

yadi hi karotikriyā anyā yajyādikāyāḥ, tadā karotīti niścite katham a$_{8}$nyatra saṃdehe praśnaḥ, aniścita eva praśnasya yuktatvāt.

sāmānyarūpo 'tha karotyartho[13] viśeṣarūpo yajyādir iti cet,

[A31]sāmānyaṃ na[14] viśeṣeṇa vinā kiṃcit pratīyate |
sāmānyākṣipyamāṇasya na hi nāmāpratītatā ||143||

---

1 tathā Ms 7a6 (*vgl.* de bźin T 18a8) : yathā S, AS 24,7.

2 abhidhīyate AS 24,7.

3 punar *o.E.* T 18a8f.

4 gateḥ Ms 7a6, AS 24,9 (*vgl.* rtogs phyir T 18b1) : gatiḥ S.

5 ca *o.E.* T 18b1.

6 gal te lhas byin ci byed ces dris na || 'tshe do mchod sbyin byed do źes lan mthoṅ ba'i phyir T 18b1f.

7 ṅes pa na T 18b2 (*vgl.* niścite 'pi AS 25,14) : ṅes pa ni T(D) 15b3.

8 eva *o.E.* T 18b2.

9 PVin I 36,17f.: lus ñid ni blo ma yin te | de grub kyaṅ blo'i rnam par brtag pa la the tshom za ba'i phyir ro ||

10 de ni de ltar mi 'thad de T 18b3; de ni ji ltar mi 'thad de T(D) 15b4.

11 karotyarthayajyādyarthau AS 25,16.

12 gźan la the tshom gźan du ni || brjod pa'i tshul ni 'thad par dka' T 18b3f.

13 byed pa'i don ni T 18b4f. : byed pa po'i don ni T(D) 15b5.

14 sāmānyan na Ms 7a8 (*vgl.* spyi yi ni || rtogs pa 'ga' yaṅ yod ma yin T 18b5; na sāmānyaṃ AS 26,2) : sāmānyena S.

kevalasāmānyapratītau[1] hi viśeṣāṃśe saṃdeha ity ayuktam.[2] atha sāmānyena[3] viśeṣa ākṣipyate, tathā sati so ’pi pratīta eva, kathaṃ saṃśayaḥ. na hi pratītatvād apara ākṣepaḥ.[4] $_{7b}$atha pratīta evāsau, tathāpi pratītatā viśeṣarūpeṇa nāsti, sāmānyenākṣepāt.[5] nanu[6] tad eva sāmānyam ākṣepakam. tad evākṣepyam iti katham etat. na ca sāmānyād[7] aparaṃ sāmānyam ākṣepyam.[8] tathā sati tato ’py aparaṃ tato ’py aparam ity anavasthā.

nanu sāmānyapratyakṣād viśeṣāpratyakṣāt viśeṣasmṛteś ca saṃśayo[9] yukta eva.

nanv anupalambhād[10] abhāva eva yuktaḥ sāmānyenānupalambhapramā$_{2}$ṇavādinaḥ. athopalabdhilakṣaṇaprāptānupalambhād[11] abhāvaḥ, nānupalabdhimātrāt, tathāpy anupalabdher eva saṃśayaḥ, vyartham etat sāmānyapratyakṣād iti.[12] yadi sāmānya-

---

1 spyi’i ’ba’ źig rtogs pa na T(D) 15a6 : spyi ’ba’ źig rtogs nas T 18b5.

2 ayuktam Ms 7a8, AS 26,4 (*vgl.* mi rigs so T 18b6) : uktam S.

3 spyi’i T 18b6, Y 306a3.

4 na hi pratītatvād apara ākṣepaḥ *o.E.* T 18b7.

5 spyi (P : spyir D 15b7) ’phaṅs pa’i phyir ro źe na T 18b7.

6 ma yin nam T(D) 15b7 : ma yin na T 18b7.

7 spyi las Y 306a7 : spyis T(D) 15b7 : spyi T 18b8.

8 aparaṃ sāmānyam ākṣepyaṃ Ms 7b1, AS 26,7 (*vgl.* spyi gźan ’phen pa ni ma yin te T 18b8) : aparaṃ sāmānyatākṣepyam S.

9 VSū 2,2,19: sāmānyapratyakṣād viśeṣāpratyakṣāt viśeṣasmṛteś ca saṃśayaḥ.

10 nanv anu° AS^{2} 126: *Anm.* 3 (*vgl.* mi dmigs pa las med pa ñid du rigs pa ma yin nam T 19a1f.; ma dmigs pa’i phyir med pa kho nar rigs kyi Y 3062f.) : nānu° Ms 7b1 : na(.) anu° S : na tv anu° AS 26,8.

11 atho° AS 26,9 (*vgl.* ’on te T 19a2) : anyatho° Ms 7b2, S.

12 de lta na yaṅ mi dmigs pa ñid las the tshom yin pa’i phyir spyi mṅon sum yin pa’i phyir ro źes bya ba ’di ni (D : ni *fehlt* P) don med do T 19a2.

pratyakṣatāyām apy upalabdhilakṣaṇaprāptānupalabdhiḥ, na syāt saṃśayaḥ.[1]

[2]$_{9}$athopalambhalakṣaṇaprāptānupalabdhir[3] eva na saṃbhavati[4] sāmānyapratyakṣatāyām, evaṃ tarhi saivānupalabdhilakṣaṇaprāptasyānupalabdhiḥ saṃśayahetur iti prāptam. viśeṣasmṛter[5] iti ca vyartham. na hi viśeṣasmṛtivyatirekeṇāparaḥ saṃśayaḥ, ubhayāṃśāvalambismṛtirūpatvād[6] asya. dṛśyate kanyakubjādiṣu[7] sāmānyapratyakṣatām antareṇāpi prathamataram[8] eva smaraṇāt saṃśayaḥ. $_{2}$tasmāt karotīti[9] tad eva yajyādikam aniyamena pratīyamānaṃ sāmānyatodṛṣṭād anumānāt sāmānyam.

āha cātra –

[A32]atadrūpaparāvṛttavastumā$_{3}$traprasādhanāt[10]|
sāmānyaviṣayaṃ proktaṃ[11] liṅgaṃ bhedāpratiṣṭhiteḥ ||144||[12]

---

1 na syāt saṃśayaḥ Ms 7b2 (*vgl.* the tshom du mi 'gyur ro T 19a3) : na sāmānyasaṃśayaḥ S : na syāt, syāt saṃśayaḥ AS 26,11.

2 *Dieses Folio hat eine angeschlossene neunte Zeile* (atho° [...] saṃśayaḥ.), *die nach der ersten Zeile eingeschoben werden soll.*

3 athopalambha° Ms 7b9 (*vgl.* 'on te T 19a3) : ātmopalambha° S : athopalabdhi° AS 26,11.

4 saṃbhavati AS 26,11, S (*vgl.* mi srid do T 19a4) : sambhati Ms 7b9.

5 °smṛter Ms 7b9, AS 26,11 (*vgl.* dran pa'i phyir T 19a4) : °smṛtir S.

6 °āvalambismṛti° AS 26,13 (*vgl.* dmigs pa dran pa'i T 19a5) : °āvalambi° Ms 7b9 : āvalamvi(smṛti) S.

7 kanya° Ms 7b9 (*vgl.* ka nya T 19a5) : (kānya°) S : kanyā° AS 26,13.

8 daṅ po ñid du T(D) 16a5 : daṅ po ñid T 19a5.

9 tasmāt karotīti Ms 7b2, AS 26,14 (*vgl.* de'i phyir byed do źes (P : źes bya ba ni D) T 19a6) : *o.E.* S.

10 °pravedanāt AS 28,15.

11 °viṣayaṃ proktaṃ Ms 7b3, AS 28,15 (*vgl.* spyi yi yul can du bśad de T 19a7) : °viṣayaproktaṃ S.

12 PVin II 8. *Zit. in* PVSVṬ 19,23f.

bhedānavadhāraṇamātram eva sāmānyaparicchedaḥ. kvacid buddhir eva tadākāraviviktā bhāvābhāvasādhāraṇatvāt saṃśayahetuḥ. tathā[1] tathābhūtānupalabdhir eva saṃśayahetur buddhirūpā upalabhyamānapadārtharūpā vā.

nanu samānākārānubhavabhāve[2] $_{4}$dṛśyate saṃśayaḥ sthāṇur eṣa[3] puruṣo veti,[4] ūrdhvatāsāmānyasya darśanāt saṃsthānasya. [A33]nanu puruṣasthāṇurūpaviviktaṃ kim aparam[5] ūrdhvatāsāmānyam upalabhyate. yady asti, tadā dvayākārā buddhir[6] upalabhyate.[7]

na bhedād bhinnam asty atra[8] sāmānyaṃ buddhyabhedataḥ[9] |
buddhyākārasya[10] bhedena[11] padārthasya vibhinnatā[12] ||145||

atho$_{5}$palabhyata eva puruṣasthāṇusvarūpaparihāreṇa dūradeśam ūrdhvatāmātram. anyathā sthāṇupuruṣākārāntargatānu-

---

1 tathā (*vgl.* de ltar Y 307b1) *o.E.* T 19a8.

2 °bhavabhāve Ms 7b3 (*vgl.* myoṅ ba yod na T 19b1) : °bhavābhāve S.

3 eṣa *verb.* (*vgl.* ’di T 19b1) : eṣaḥ Ms 7b4 : vā S.

4 ’di mtho yor yin nam ma yin źes T 19b1.

5 ūrdhvatāsāmānyasya darśanāt saṃsthānasya. nanu puruṣasthāṇurūpaviviktaṃ kim aparam Ms 7b4 (*vgl.* gal te dbyibs reṅ reṅ po’i spyi mthoṅ ba las ’di mtho yor yin nam ma yin źes spyi’i rnam pa myoṅ ba yod na the tshom mthoṅ ba ma yin nam źe na | skyes bu daṅ mtho yor gyi raṅ bźin daṅ bral ba’i reṅ reṅ po’i spyi gźan ’ga’ yaṅ dmigs pa med pa ma yin nam T 19a8ff.) : *o.E.* S (Se *enthält einen Rekonstruktionsversuch*).

6 rnam pa gñis kyi blo T(D) 16b1 : rnam pa ñid kyi ṅo bo T 19b2.

7 dmigs par ’gyur ro T 19b2.

8 anyat AS 29,10.

9 buddhyabhedataḥ AS 29,10 (*vgl.* tha dad blo med phyir T 19b2; na tasmāt bhinnam asty anyat sāmānyaṃ buddhyabhedataḥ PV III 126cd =PVin I 16cd) : buddhibhedataḥ Ms 7b4, S.

10 buddhyākārasya Ms 7b4, AS 29,10, Yo 43,4 (*vgl.* blo rnam T 19b2) : buddhayākārasya S.

11 bhedena Ms 7b4, AS 29,10, Yo 43,4 : bhadena S.

12 *Vgl.* PV III 130cd: vijñānābhāsabhedaś ca padārthānāṃ viśeṣakaḥ |

bhave na tatra saṃdeha utpadyeta.[1] tasmāt [A34]tatparihāreṇāvabhāsanam eva tadvyatirekaḥ,[2] etāvanmātralakṣaṇatvād tadvyatirekasya.

tan na yuktam.

tābhyāṃ tad[3] vyatirekaś cet kiṃ nādūre 'vabhāsanam |
dūre 'vabhāsamānasya saṃnidhāne 'tibhāsanam[4] ||146||

yat khalu dūradeśaniveśidaśā$_{6}$yām avabhāsate, tat[5] saṃnidhānavidhānādhīnaṃ sutarām avabhāsavat. padārthāntaratve ca[6] sāmānyasya, tad eva pratibhāsitam.[7] katham anyatrāspaṣṭapratibhāsavyavahāraḥ.[8] na khalu nīlapadārthapratibhāsane[9] 'spaṣṭaśuklapratibhāsavyavahāraḥ.

nanu bhavatpakṣe 'pi keyam aspaṣṭatā nāma.[10] aspaṣṭapratibhāsatā hi kadācid a$_{7}$pratibhāsatā, kadācid anyapratibhāsatā, kadācit tu tatpratibhāsateti.[11]

---

1 ‹na tatra sandeha utpadyeta› Ms 7b5, S.

2 tad (*vgl.* spaṅs par snaṅ ba ñid de daṅ tha dad pa yin te T(D) 16b2) *o.E.* T 19b4.

3 tadvyatirekasya. tan na yuktam. tābhyāṃ tad *verb.* (*vgl.* de daṅ tha dad pa'i mtshan ñid ni de tsam du zad pa'i phyir ro || źe na | de ni mi 'thad de | de dag las de gźan yin na T 19b4; tadvyatirekasya. yad apy uktam. tābhyāṃ tad AS 29,14f.) : ‹vyatirekasya. tan na yuktam. tābhyāṃ tad›? Ms 7b5 : vyatirekasya. tan na yuktam. tanmātra° (tasmāt Se) S.

4 riṅ por snaṅ ba ñe ba na || śin tu yaṅ ni snaṅ phyir ro T 19b5.

5 ta{da}t Ms 7b6, S.

6 ca *o.E.* T 19b6.

7 pratibhāsitam Ms 7b6 : pratibhāsane S.

8 anyatrā° *verb.* Se (*vgl.* gźan la T 19b6) : atra° Ms 7b6, S.

9 sṅon po'i don snaṅ ba na T 19b6 : sṅon po'i don snaṅ ba ni T(D) 16b4.

10 nāma Ms 7b7, Se, Yo 43,12 : nāma. aspaṣṭapratibhāsatā nāma S.

11 mi gsal bar snaṅ ba 'di yaṅ na | mi snaṅ ba 'am gźan snaṅ ba 'am yaṅ na (P : na *fehlt* D 16b5) de mi gsal bar snaṅ ba yin graṅ na T 19b7.

tasyaiva pratibhāsaś ced aspaṣṭapratibhāsatā |
aspaṣṭatā kathaṃ nāma svarūpeṇāvabhāsane ||147||

anyasya pratibhāse 'pi[1] tasyaivāspaṣṭatā kutaḥ |
pratibhāsaṃ vinā[2] bhāvaḥ kathaṃ syāt pratibhāsane[3] ||148||

buddhir eva tathābhūtā yady aspaṣṭāvabhāsitā[4] |
buddhisvarūpanirbhāse nārthasyāspaṣṭabhāsitā[5] ||149||

tad etad asat.

[A35]buddhir e$_{8}$vātadākārā[6] tata utpadyate[7] yadā |
tadāspaṣṭapratībhāsavyavahāro[8] jaganmataḥ ||150||

atha tad eva sāmānyam, tathā sati varṇasaṃsthānapratibhāsanaṃ na syāt. na khalu sāmānyaṃ varṇasaṃsthānavat, dravyāśritatvāt tayoḥ. atha dravyagataṃ varṇasaṃsthānam, tathā sati tato 'nyaṃ na sāmānyam,[9] anavabhāsanāt. varṇasaṃsthānayor eva pratibhāsanam. tayoś ca sādhāraṇatvāt sthāṇupuruṣayoḥ saṃdeha iti $_{8a}$yuktam.[10] tad apy asat. yataḥ

---

[1] pratibhāse 'pi *verb.* (*vgl.* gal te gźan pa snaṅ na yaṅ T 19b8) : pratibhāso pi Ms 7b7, S (*vgl.* gal te gźan pa snaṅ ba yaṅ T(D) 16b5f.).

[2] pratibhāsaṃ vinā *verb.* (*vgl.* snaṅ ba med na T 19b8) : apratibhāsa vinā Ms 7b7 : apratibhāsaṃ vinā S.

[3] snaṅ ba med na dṅos po ni || ji ltar snaṅ bar 'gyur ba yin T 19b8f.

[4] gal te de ltar 'gyur ba yi || blo ni mi gsal ba yin na T 20a1.

[5] don mi gsal bar snaṅ ba min T(D) 16b6, J 71b4 : don mi gsal bar snaṅ ba yi T 20a1.

[6] de rnam can min pa'i T(D) 16b7 : rnam can min pa yi T 20a1f.

[7] utpadyate Ms 7b7, AS 30,5 : upadyate S.

[8] °pratībhāsa° Ms 7b8, S, AS 30,6; *metri causa?*

[9] tato nyan na sāmānyam Ms 7b8 (*vgl.* de las gźan pa'i spyi med de T 20a3) : tatotpanna sāmānyam S.

[10] yuktam *o.E.* T 20a4.

sa varṇo 'nyena[1] rūpeṇa saṃsthānaṃ katham anyathā |
tat pratīyata[2] itthaṃ ca bhrāntā buddhiḥ pratīyate[3] ||151||

yadi varṇasaṃsthānam anyathā pratibhāti,[4] bhrāntir eva sā. kathaṃ sāmānyapratyakṣatā. athāvayavī tatra pratibhāti, na sāmānyam, nāpi varṇasaṃsthānam iti cet,

saṃsthānavarṇarūpābhyāṃ vyatirekāvabhāsanam |
kuto dravyasya[5] kiṃ tasmād[6] aparaṃ pratibhāsate ||152||

śyāmatādirūpaṃ hi va$_2$rṇādikam avabhāsate. na ca tatrānyad eva dravyam avabhāsate, tadvyatirekeṇāparasya dravyasyāpratibhāsanāt. tad eva dravyam iti cet, na, guṇatvāt saṃsthānavarṇayoḥ.

atha varṇasaṃsthānavad dravyam, na, tadvyatirekeṇānyathā pratibhāsanābhāvāt. na khalu spaṣṭāspaṣṭavarṇasaṃsthānavyatirekeṇāparaṃ dravyam upalabhyate. aspaṣṭavarṇasaṃsthānasya ca tadaparasāmagrīprabhavajñānena bādhyamānatvāt, $_3$nedam evaṃbhūtam iti spaṣṭākārapratyayodaye sati bhavatīti.[7] tadanupalabdhir eva ca[8] tadviparyayopalabdhirūpā bādhakam.[9] nedam iti pratyayasyānutpatter[10] naivam iti cet, na, utpadyata eva so 'pi nedam iti pratyayaḥ.[11] tathā hi, tadvarṇam etat saṃsthānaṃ na bha-

---

[1] gźan pas T(D) 17a2 : gźin pas T 20a4.

[2] kha dog dbyibs te de raṅ bźin || gźan (D 17a2 : gźin P) pas gźan du ci ltar de || rtog 'gyur T 20a4f.

[3] thal bar 'gyur T 20a5.

[4] rtogs T 20a5.

[5] kha dog dbyibs kyi raṅ bźin las || tha dad rdzad ni snaṅ yin pa T 20a6.

[6] de dag las T 20a6; de dag la T(D) 17a3.

[7] iti *o.E.* T 20b2.

[8] ca *o.E.* T 20b2.

[9] de las bzlog pa'i raṅ bźin dmigs pa de mi dmigs pa (P : de mi dmigs pa *fehlt* D 17a6) ñid gnod par byed pa (D 17a6 : byed P) yin no T 20b2.

[10] °ānu{palabdhe}tpatter Ms 8a3, S (*vgl.* ma skyes pa'i phyir T 20b2f.).

[11] 'di ma yin no sñam pa'i śes pa de yaṅ skyes pa ñid ma yin nam T 20b3.

vatīti tadavyatiriktasaṃsthānabādhakam[1] upajāyata[2] eva jñānam. vyatirikta$_{4}$sya na bādhakam iti cet, yata evāvyatiriktasaṃsthānabādhakam, ata eva vyatirekisaṃsthānaṃ bhaviṣyati. tad asat.

yādṛśasya pratītiḥ prāg bādhanaṃ tādṛśasya cet |
anyathā na pratītiś ca[3] kim anyad avaśiṣyate ||153||

yādṛśaṃ saṃsthānaṃ dravyaṃ vā varṇāvyatiriktaṃ pratipannam. yadi tādṛśasya bādhā, kim aparam avaśiṣyate. na khalu yogavibhāgo vidyate, ye$_{5}$na tatraikasya bādhanam aparasya neti vyavasthāvibhāgaḥ.[4] athāpi syāt –

tasya varṇasya na prāptiḥ saṃsthānadravyayos tadā[5] |
tataḥ prāpteḥ paraṃ dravyaṃ tac ca prāg api[6] vittimat[7] ||154||

yac ca pūrvottarabhāvena vedyate, yac ca na tathā, tayor viruddhadharmādhyāsayogo na yuktaḥ.[8] prabhedo hi sakala evam eva sādhanīyaḥ, parasya bhedasādhanasyābhāvāt.[9] $_{6}$tad asat.

tad anyad yadi tattvena pratyakṣe kiṃ na bhāsate |
pūrve pare vā ubhayor dṛśyate saṃbhavaḥ kadā ||155||

yadi tat paramārthato bhinnaṃ varṇasaṃsthānaṃ dravyāt saṃsthānaṃ vā varṇāt, kathaṃ pūrvatra paratra vā pratyakṣe na pratibhāti. pratyekam apratibhāsane samudāyasya tadvyatiriktasyābhāvāt tatra pratibhāsanam iti mahanmohasāmarthyam. na ca dvayoḥ

---

[1] tadavyatirikta° *verb.* (*vgl.* de daṅ tha mi dad pa'i T 20b3, Y 309b2) : tadvyatirikta° Ms 8a3, S.

[2] upajāyata Ms 8a3 (*vgl.* skye ba T 20b3) : upajñāyata S.

[3] gal te gźan du rtog med na T 20b5.

[4] gaṅ gis de ñid la gcig la gnod par byed la gźan la ni ma yin no źes bya ba'i rnam pa gźag pa tha dad par byed pa'i sbyor ba'i rnam par dbye ba ni yod pa ma yin no T 20b6.

[5] kha dog de ni thob pa min || de ni dbyibs daṅ rdzas dag yin T 20b6f.

[6] prāg api Ms 8a5 (*vgl.* sṅar yaṅ T 20b7) : prāg iti S.

[7] der ni sṅar yaṅ rig pa ñid T 20b4.

[8] de gñis ni 'gal ba'i chos gnas pas tha mi dad par mi rigs so T 20b7f.

[9] tha dad pa dag ni de lta bu ñid du bsgrub par bya ba yin te | tha dad pa'i sgrub par byed pa ni gźan med pa'i phyir ro || źes bya bar sems na T 20b8.

$_{7}$samavadhānam iti kutaḥ samudāyaḥ. anusaṃdhānaś ca na pratyakṣād iti tadabhāvād anumānam api nāstīti kuto vyatirekapratītiḥ. tasmān na sādhāraṇaṃ nāma kiṃcit. sarvasya svātmani vyavasthitatvāt viśeṣataiva.

tasmān na kriyā karotīti sādhāraṇarūpā yajanādikriyāviśeṣāṇām.[1] tato na bhāvanā kartṛvyāpārarūpā,[2] tadvyatirekeṇāvibhāvanāt.

na ca dhātvartho $_{8}$'pi dravyavyatirekeṇāsti. dravyam eva pūrvāparībhūtam anvayavyatirekeṇa kalpitavyatirekisvabhāvam abhede 'pi bhedavad upacarya kriyāto bhinnam.[3] kriyā ca tato bhinneti vyavahāramātram etat, neyaṃ vastutattvavyavasthitiḥ. svavyāpāradhātvarthau ca niyogakāle bhāvinau pratīyete. tataḥ kathaṃ tadālambanā pratītiḥ pūrvavāsanābalād[4] upajāyamānā na nirālambanety uktam.[5]

a$_{8b}$thāpi syāt – pratyakṣasya hi vartamānaviṣayatvād bhāvibhūtaviṣaye[6] nālambanatvam. śabdasya tu tadviṣayatve 'pi na tattvam. tad āha – codanetyādi.[7] tad asat.

adṛśyamānaḥ so 'rtho 'stīty[8] etad vyavasitaṃ katham |
anumāne tu saṃbandha iti tatra tathāsthitiḥ ||156||

sarvā hi parokṣaviṣayā pratītir arthasaṃbandhād evāvisaṃvādinī, yathā anumānapratītiḥ. na hi yo yenāsaṃbaddhaḥ, tadbhāve tasya

---

1 de bas na byed pa źes bya ba bya ba ni mchod sbyin byed pa la sogs pa bya ba'i khyad par gyi spyi ma yin no T 21a4.

2 karttṛ° Ms 8a7, Yo 46,15 (*vgl.* byed pa po'i T 21a5) : katta° S.

3 rjes su 'gro ba daṅ ldog pas sṅa ma daṅ phyi mar gyur pa'i rdzas yoṅs su brtags (P : rtogs D 17b7) pa'i tha dad pa'i raṅ gi ṅo bo ñid las tha dad pa med kyaṅ tha dad pa daṅ ldan par brtags nas bya ba las tha dad pa daṅ T 21a5f.

4 sṅon gyi bag chags las T(D) 18a2 : sṅon gyi bag chags la T 21a7f.

5 dmigs pa med do źes bya ba mi brjod de T 21a8.

6 byuṅ ba daṅ 'byuṅ ba'i yul can yin na T 21a8.

7 *Vgl.* ŚBh 16,12f.

8 so rtho stīty Ms 8b1 (*vgl.* don de ni yod ces T 21b1) : so 'py astīty S.

bhāvaniyamaḥ. nirālambanatā[1] tu ta$_2$tsvarūpābhāvād eva. na hy avidyamānasya svarūpagrahaṇam ity uktam. na ca bhāvinā saha saṃbandhaniyamaḥ. anumāne[2] tu kāraṇāt kāryaṃ pratīyate, tathā paratra darśanāt. na ca phalakāraṇatāgnihotrāder upalabdhā, nāpi tadakaraṇe pratyavāyaniścayaḥ.

athātmanaḥ sāmarthyam avagacchan yāgakāraṇatām[3] ātmanaḥ pratipadyamāno yāge[4] pravartiṣyate.

kāraṇatvaṃ yadā svarge[5] tasya na pratipadyate |
niyo$_3$gadeśito[6] 'py eṣa kasmāt tatra pravartate ||157||

ata eva bhāvanāniyogadhātvarthānāṃ parasparasaṃbandhaḥ phalābhisaṃbandho vā vidhir vākyārtha[7] iti na yuktam. sarvasya bhāvitvena jñānenāgrahaṇān nirālambanataiva buddheḥ. ato dṛśyavikalpyārthaikīkaraṇāt[8] pravartate, sa eva cānyāpoha iti na[9] kaścit prekṣāpūrvakārī vedāt pravartata ity alam ati$_4$prasaṅgena.

tasmād

vaktṛvyāpāraviṣayo yo 'rtho buddhau prakāśate |

'dhyāropitaḥ.

prāmāṇyaṃ tatra śabdasya nārthatattvanibandhanam || (PV II 2)

---

1 nirālambanatā Ms 8b1 (*vgl.* dmigs pa med pa ñid T 21b3) : nirālambanā S.

2 rjes su dpag pa la ni Y 311b1 : rjes su dpag pa las ni T 21b4.

3 yāgakāraṇatām Ms 8b2 (*vgl.* mchod sbyin la sogs pa'i rgyu ñid (P : ñid daṅ D 18a6) T 21b5) : yāgakaraṇatām S : yāgādikāraṇatām Se.

4 yāge *o.E.* T 27b5.

5 yadā svargge Ms 8b2, Se, Yo 48,6 (*vgl.* gal te de ni mtho ris kyi T 21b5f.).

6 niyogadeśito *verb.* (*vgl.* ṅes par sbyor ba bskul T 21b6) : yāgasya deśito Ms 8b2f., S.

7 bsgom pa daṅ || ṅes par sbyor ba daṅ | khams kyi don rnams phan tshun 'brel pa 'am | 'bras bu daṅ mṅon par 'brel pa bsgrub pa yaṅ ṅag gi don yin no T 21b6.

8 snaṅ ba daṅ rnam par brtags pa gcig tu byas nas T 21b8.

9 na *verb.*, S : na ca Ms 8b3.

na khalv adhyāropeṇa satyārthaviṣayeṇa bhavitavyaṃ pratibandham antareṇeti[1] vyavasthitam etat.

pramāṇavārttikālaṃkāre[2] vidhibhāvanādivārttikaṃ prathamam.

[1] pratibandham antareṇa *o.E.* T 22a1f.

[2] pramāṇa° *verb.* (*vgl.* tshad ma T 22a2) : prathama° Ms 8b4, S.

^{A36}yadi tarhi arthakriyāsthitir avisaṃvāda$_5$nam,[1] pratyabhijñādipratyayād[2] api sa evāyam ityādi[3] jñātvā pravartamāno[4] 'visaṃvādabhāg iti pramāṇaṃ syāt.

tatrāpūrvārthavijñānaṃ niścitaṃ bādhavarjitam |
aduṣṭakāraṇārabdhaṃ pramāṇaṃ lokasaṃmatam ||158||[5]

avayavyādiviṣayaṃ ca[6] saṃvādakatvāt pramāṇam iti.[7] athālocanājñānasāmarthyād asau vikalpa utpadyamāno[8] na pramāṇam,[9] avaya$_6$vini[10] cāvayavavijñānasāmarthyāt,[11] tathā sati tad apy ālocanājñānaṃ cakṣuḥsaṃnikarṣādisāmarthyād[12] na syāt pramāṇam. tatra yadi kāraṇaparaṃparānviṣyate, cakṣurādīnāṃ prasaṅgaḥ. athānantaraṃ vikalpasyaiva prāmāṇyaprasaṅgaḥ.

atrocyate –

gṛhītagrahaṇān neṣṭaṃ sāṃvṛtaṃ dhīpramāṇatā |
pravṛttes tatpradhānatvād dheyopādeyavastuni[13] || (PV II 3)

---

[1] avisaṃvādanaṃ *verb.*, S : avisamvādadanaṃ Ms 8b4f.

[2] pratyabhijñā° Ms 8b5 : (atha) pratyabhijñā° S (*vgl.* 'o na ṅo śes pa T 22a3, *das wohl* tarhi *übersetzt*).

[3] la sogs pa'i śes pa las kyaṅ de ñid 'di yin no źes bya ba *verdoppelt in* T 22a3; *o.E.* T(D) 18b4.

[4] 'jug pa na T(D) 18b4 : 'jug pa ni T 22a3.

[5] Bṛhaṭṭīkā, *zit. in* RNA 113,11f., TBV 318,25f,; 394,16f., PPar(V) 63,6f., R 151a1, TR 26,21f. (*vgl.* HBṬ 33,11; 84,2).

[6] °viṣayañ ca Ms 8b5 (*vgl.* yan lag can la sogs pa'i yul can yaṅ T 22a4) : °viṣayatvaṃ S.

[7] iti *o.E.* T 22a5.

[8] skyes pa'i phyir T 22a5.

[9] tshad ma ma yin la T(D) 18b5 : tshad ma yin la T 22a5.

[10] avayavini *verb.*, S : avayivini Ms 8b5f.

[11] yan lag gi śes pa'i stobs las byuṅ ba'i phyir T 22a5, Y312b3f.

[12] °saṃnikarṣādisāmarthyād *verb.* (*vgl.* 'brel pa la sogs pa'i stobs las skyes pa'i phyir T 22a6.) : °sannikarṣād iti Ms 8b6 : °saṃnikarṣādi(sāmarthyād i)ti Se.

[13] blaṅ daṅ dor ba'i dṅos po yi T 22a7.

sa e$_{7}$vāyam iti pratyaya utpadyamāno naikatve pramāṇam, apūrvasya ekatvasyāgrahaṇāt,[1] dṛṣṭasyaiva tasya pratipatteḥ. ekatvaṃ hi pūrvena saha gṛhyamānam[2] ekatāṃ vivādaviṣayaṃ[3] svīkaroti. vartamānamātrasyaikatve[4] siddhasādhanam eva. tac ca pūrvaṃ pūrvapratyayena[5] gṛhītatvān nāparam.[6] pūrvapratyayena cāsau[7] truṭyadavastha evāpūrvatayā ca gṛhyate.[8] tataḥ punar anusaṃdhīyamānaṃ yathābhūtaṃ gṛhītam, tathā$_{8}$bhūtam[9] evānusaṃdhātavyam.[10] gṛhītatvena ca grahaṇe smaraṇam etad iti gṛhītagrāhitvād apramāṇam aparasmaraṇavat.[11] saṃvādas tv arthakriyākaraṇāt. na caikatvasādhyārthakriyā, vastusāmarthyamātrād utpatteḥ. tasmāt[12] sa evāyam iti pratyayadvayam[13] evaitat.[14]

athaikatā pratīyate pūrvena saha.[15] tad ayuktam.

---

1 apūrvasya eka° *verb.*, Se, Yo 50,2 (*vgl.* sṅon med pa'i gcig T 22a8; sṅon med pa'i źes gsuṅs so Y 313a3) : eka° Ms 8b7.

2 sṅa ma daṅ lhan cig gzuṅ ba'i gcig ñid ni Y 313a6f. : gaṅ sṅa ma daṅ lhan cig gcig tu bzuṅ ba'i gcig ñid ni T 22a8.

3 ekatāṃ vivādaviṣayaṃ *verb.* (*vgl.* rtsod pa'i yul gyi gcig nyid T 22b1, Y 313a7) : ekatāṃ vivādaviṣayatāṃ Ms 8b7, S.

4 vartamānamātra° *verb.*, Se (*vgl.* da ltar ba tsam T 22b1) : varttamānatāmātra° Ms 8b7, S.

5 pūrvapratyayena Ms 8b7, Yo 50,4 : pūrvapratyena S.

6 de yaṅ śes pa sṅa ma sṅa mas bzuṅ ba las (P : la D 19a1) gźan pa (P : pa *fehlt* D) ma yin no T 22b1.

7 śes pa sṅa mas ni de'i T 22b2; śes (P : źes D) pa sṅa mas (*verb.* : sṅa ma PD) ni źes gsuṅs so ni (P : ni *fehlt* D) źes bya ba ni gtan tshigs te Y 313b5f.

8 de'i 'jig pa'i gnas skabs ñid sṅar med par 'dzin to T 22b2.

9 tathābhūtam Ms 8b7f. : tathā bhatam S.

10 evānu° *verb.* (*vgl.* ñid mtshams sbyor bar bya ba yin T 22b2) : eva vānu° Ms 8b8, S.

11 °smaraṇavat *verb.*, S : °smaravat Ms 8b8.

12 de'i phyir T(D) 19a3 : 'di T 22b4.

13 pratyaya° Ms 8b8, Yo 50,8 (*vgl.* śes pa T 22b4) : pratya° S.

14 eva *o.E.* T 22b4.

15 'on te sṅa ma daṅ phyi ma cig gcig tu rtogs so źe na T 22b4.

pūrvam adhyakṣato 'vittau tenaikatve 'sti na pramā |
ekatvam apratītena pratītam iti sāhasam ||159||

tena sāṃvṛtam ekatvaṃ pū$_{9a}$rvapūrvavikalpataḥ |
prāmāṇyaṃ pratyayasyāsya sāṃvṛtasya na vidyate ||160||

ghaṭādiviṣayo yo 'pi pratyayaḥ sa rasādike |
tatpratyayair[1] gṛhīte 'rthe[2] samudāyavikalpanāt ||161||

samudāyāt paras tv eko naiva kenacid īkṣyate |
anādivāsanādārḍhyāt parasyāgrahavaiśasam[3] ||162||

kathaṃ tarhi dhiyaḥ prāmāṇyam, yadi pūrvāparādikasyaikasya na[4] pratipattiḥ.

atrocyate – **heyopādeya**viṣaye. pravartakaṃ hi pramāṇam ucyate. tatra ca pravartane dhīr eva pradhānam. $_2$yady api nāma bhāvyartho na pratipannaḥ, tathāpi tatra pravartanāt pramāṇam, yathānumānasyāgrahaṇe 'pi.[5] na hy anumānena vastusvarūpa-svīkāra iti pratipādayiṣyate. na ca cakṣurādikāt pravartate jñānam antareṇa, vikalpam antareṇāpi tv abhyāsāt[6] pravartate.[7] tato heyopādeyaviṣaye dhīr eva pūrvikā pravartanāt pramāṇam,[8] na vikalpādayaḥ.[9] yatra tu nābhyāsaḥ, tatrānumānam eva pratyabhi-

1 śes de dag gi T(D) 19a5, Y 315b1 : śes te dag gi T 22b6.

2 gzuṅ don la J 81b7 : gzuṅ don las T 22b6.

3 gźan gyi kun tu 'dzin pa Y 315b3 : gźan ni kun tu 'dzin pa (P : pas D 19a6) T 22b7.

4 °ādikasyaikasya na *verb.* (*vgl.* gal te sṅa ma daṅ (J 82a7 : de PD) phyi ma la sogs pa gcig tu rtogs pa med na T 22b7) : °ādikasyai.. Ms 9b1 : °ādikasya (naikā) S.

5 dper na rjes su dpag pa mi 'dzin pa yaṅ tshad ma yin pa bźin no T 23a1 (*vgl.* yathānumānasyāgrahaṇe 'pi (prāmāṇyam) Se).

6 °āpi tv abhyāsāt Ms 9a2, NVinVi I,93,20 (*vgl.* rnam par rtog pa med kyaṅ goms pa las T 23a2) : °āpi buddhyābhyāsāt S.

7 *Zit. in* NVinVi I,93,20.

8 *Zit. in* NVinVi I,93,22f.

9 *Zit. in* NVinVi I,93,24.

jñānādayaḥ[1].[2] ato nātiprasaṅgaḥ. evaṃ tāvat pha$_3$lārthināṃ[3] vyavahārakāritvena[4] pramāṇatvaṃ pratipāditam.

idānīm adhigamaphalaviṣayavibhāgakāritayā[5] pratipādyate.

api **ca**, **dhiya** eva prāmāṇyaṃ nānyasya, yataḥ **viṣayākārabhedād adhigama**sya pramāṇaphalasya **bhedaḥ**.[6] (= PV II 4ab)

na pravartanāt pramāṇam, api tu pratipattikaraṇāt. pratipattau hi jātāyāṃ[7] pravartatāṃ vā na vā. tathāpy arthatathābhāvavyavasthāpanāt pramāṇam. vya$_4$vasthāpite[8] 'rthe yadi na pravartate, nāyaṃ pramāṇasya doṣaḥ. prāpakatvāt pramāṇam iti cet, na, prāpaṇayogyatvāt pramāṇasya. tad eva prāptāv asatyāṃ kathaṃ jñāyate. rūpaviśeṣadarśanāt. avyabhicāriṇo rūpasya kathaṃ paricchittiḥ. samāptas tarhi bāhyārthavyavahāraḥ.[9] avyabhicāritvājñāte[10] hi[11] svarūpasaṃvedanamātram eva parisphuṭam. tathā ca kuto bāhyārthapara$_5$saṃtānādipratītiḥ. etac cottaratra[12] vakṣyāmaḥ.

---

[1] ṅo śes pa la sogs pa'i mtshan ñid kyi T 23a3.

[2] *Zit. in* NVinVi I,93,26f.

[3] phalārthināṃ Ms 9a3 : phalārthitāṃ S.

[4] vyavahārakāritvena Ms 9a3 (*vgl.* PVV 5,8) : tha sñad kyi rgyu ñid kyis T 23a4 : vyavahārikatvena S.

[5] rtog pa'i 'bras bu'i yul rnam par 'byed pa'i rgyu yin par T 23a4.

[6] S *schiebt vor diesem Satz* PV II 4ab (viṣayākārabhedāc ca dhiyo 'dhigamabhedataḥ |) *ein, aber o.E.* Ms 9a3 *und* T 23a5. *Hier legt also Prajñākaragupta ausnahmsweise den kommentierten Vers nicht vor. Der Satz* (api ca [...] bhedaḥ.) *entspricht trotzdem im großen und ganzen* PV II 4ab. *In der tibetischen Übersetzung ist der letztere Teil dieses Satzes als Vers wiedergegeben* (*vgl.* 'di ltar | yul gyi rnam pa tha dad pas || tshad ma'i 'bras bu | blo yi rtogs pa tha dad phyir T 23a5).

[7] jātāyāṃ Ms 9a3 (*vgl.* 'gyur na T 23a6) : jñātāyāṃ S.

[8] vyavasthāpite *verb.*, S : vyavyavasthāpite Ms 9a3f.

[9] phyi rol gyi tha sñad T 23a8.

[10] avyabhicāritvājñāte *verb.* (*vgl.* mi 'khrul pa ñid ma śes na T 23a8); avyabhicāritvā{j}jñāne? Ms 9a4 : avyabhicāritvāj jñāne S.

[11] hi *o.E.* T 23a8f.

[12] ni T 23b1.

viṣayākāra ivākāro 'sya viṣayākāraṃ jñānam. tasya bhedo **viṣayākārabhedaḥ**. viṣaye vākārabhedo[1] **viṣayākārabhedaḥ**. ākāraṇam **ākāraḥ**, ullekha ity arthaḥ. viṣayasadṛśatā viṣayonmukhatā[2] ca. tad**bhedād dhiyo 'dhigamabhedaḥ** nīlasya saṃvittis tadākārasya ceti. arthādhigamaś ca pramāṇaphalaṃ svarūpādhi$_{6}$gamo vā. tathā cāha – pramāṇādhīno hi prameyādhigamaḥ.[3] sa ca viṣayākāra ātmabhūto jñānasya. tato jñānam eva pramāṇam.

nanu yathākāro jñānātmabhūtaḥ, tathādhigamo 'pi. tato jñānam eva phalam iti prāptam. satyam etat.

pramāṇataḥ[4] phalaṃ nānyat[5] pramāṇaṃ na phalāt param |
evaṃprakārā sarvā ca kriyākārakayoḥ sthitiḥ ||163||

etac cottaratra pratipādayiṣyate.[6]

na$_{7}$nu[7] yathā cakṣurādayo na bhavanti pramāṇam, tathākāro 'pi mā bhūt. yathā kārakā api saṃvedanasya cakṣurādayo na pramāṇam,[8] tathākāro 'pīti, āha –

bhāvād evāsya tadbhāve (PV II 4c)

---

[1] yul la rnam pa tha dad pa ni (D : ni *fehlt* P) Y 319b2 : yul lta bu'i rnam pa tha dad pa ni T 23b2.

[2] viṣaya° (*vgl.* yul la T(D) 19b7) *o.E.* T 23b3.

[3] *Vgl.* 2,5f.

[4] tshad las T 23b5 : tshad ma T(D) 20a2.

[5] 'bras bu gźan min źin T(D) 20a2 : 'bras bu gźan yin źiṅ T 23b4.

[6] pratipādayiṣyate Ms 9a6, Yo 52,14 : pratipādayaṣyate S.

[7] nanu Ms 9a6f. (*vgl.* gal te T 23b6) : *o.E.* S.

[8] tathākāro 'pi mā bhūt. yathā kārakā api saṃvedanasya cakṣurādayo na pramāṇam (*vgl.* de bźin tu rnam pa yaṅ mi 'gyur ro || ji ltar mṅon ba'i byed pa po yin yaṅ mig la sogs pa tshad ma ma yin pa T(D) 20a3) *o.E.* T 23b6f.

tadbhāve[1] ākārabhāve **asyādhigamasya** phalasya **bhāvād eva**. na khalu cakṣurādibhāve 'sya phalasya bhāva eva. ākārasya tu bhāve bhāva evāvyatirekād iti sādhakatamatvam. sādhakatamaṃ ca karaṇam[2].[3] avyavadhāne ca sādhakatamatvam iti pratipādayiṣya$_{8}$te. kathaṃ tarhi cakṣuṣā paśyati rūpam iti. kāraṇe kāryopacārād evam ucyate, caurair[4] grāmo dagdha[5] iti yathā. tasmāt jñānam eva pramāṇam.

nanu prāpakam etaj jñānam[6] iti kathaṃ jñātavyam. na tāvat pratyakṣataḥ. na khalu svasaṃvedanapratyakṣaṃ pramāṇāpramāṇavibhāgam upadarśayati, sarvajñāneṣu svasaṃvedanasya bhāvāt. na ca[7] tadutpattikāla eva saṃvādītarajñānavibhāgasaṃvedane pravartamānaḥ kaścid vipralabhyeta.[8] $_{9b}$nāpi saṃdehavān syāt.[9]

athābādhitatvalakṣaṇaṃ prāmāṇyaṃ svata eva prasiddhyati, tad arthāpattyā prasādhyamānaṃ parokṣajñānavādināṃ kathaṃ svataḥ sidhyati.

athārthāpattyā[10] jñānasattā sidhyati. tasyārthāpattyā jñānasya nāpareṇa prāmāṇyaṃ jñāyate, svata eva tu pramāṇatā. aprāmāṇyaṃ tu bādhakajñānāt. bādhakajñānasya ca svata eva prāmāṇyam. kiṃ ca, kāraṇād utpadyate jñānam,[11] prāmāṇyaṃ tu tasya

[1] tadbhāve *o.E.* T 23b7.

[2] byed pa T 23b8 : byed pa po T(D) 20a5.

[3] Pāṇini 1,4,42: sādhakatamaṃ karaṇam.

[4] caurair *verb.*, Yo 53,6 : caurai Ms 9a8, S.

[5] rkun pos groṅ bsregs so T(D) 20a5 : srin pos groṅ sregs so T 24a1.

[6] e{va}taj jñānam Ms 9a8, S (*vgl.* śes pa 'di T(D) 20a6, J 88a7) : śes pa ñid T 24a2.

[7] ca *o.E.* T 24a3f.

[8] vipralabhyeta Ms 9a8 (*vgl.* bslus par mi 'gyur T 24a4) : vipralabhyate S.

[9] the tshom du yaṅ mi 'gyur ro T 24a4.

[10] athārthāpattyā Ms 9b1 (*vgl.* 'on te don gyi go bas T 24a5) : yathārthāpattyā S.

[11] jñānaṃ Ms 9b1 : rnam par śes pa T 24a6 (*vgl.* (vi)jñānaṃ Se).

svata eva. tad a$_{2}$py apavādena bādhakajñānenābādhitatvalakṣaṇam[1] apohyate.[2]

atrocyate[3] –

yadi svataḥpramāṇatvaṃ nijakāraṇabhāvataḥ |
tathotpannasya tasyānyair[4] bādhakair nānyathākriyā ||164||

athātmā jñānarūpatvāt[5] pramāṇaṃ svata ucyate |
bādhakānāṃ sahasre 'pi tasyāpy[6] asti na vikriyā ||165||

duṣṭakāraṇasadbhāvād aprāmāṇyaṃ bhaved yadi |
guṇavatkāraṇāsaṃgāt prāmāṇyaṃ na kim iṣyate ||166||

doṣābhāvata evā$_{3}$sya prāmāṇyaṃ yadi saṃmatam |
aprāmāṇyaṃ guṇābhāvāt kasmāt asya na gamyate ||167||

na ca pramāṇetarataḥ kaścid[7] ātmekṣyate paraḥ |
pramāṇatvāpramāṇatvaṃ yena tasyānyato bhavet ||168||

bodhātmakaḥ sa ced iṣṭaḥ svāpāvasthāgamādiṣu[8] |
svasaṃvedanabhāvo 'sya kadācin nāpagacchati ||169||

na vedyate tadā kiṃcid ātmāstīti kathaṃ mataḥ |
bodhetaravyava$_{4}$sthā tu dūrād dūrataraṃ gatā ||170||

tasmād utpadyate jñānaṃ pramāṇam itarat tathā |
kāraṇād eva tad bhūtaṃ na svatas tasya mānatā ||171||

samānākārasadbhāvān na tu tattvena niścayaḥ |

---

1 gnod par byed pa'i mtshan ñid T 24a7.

2 apohyate *verb.* (*vgl.* PVSV 106,23; TS 2862; 62,12) : apodyate Ms 9b2, S.

3 'di la brjod pa T(D) 20b3 : 'dod la brjod pa T 24a7.

4 tasya *o.E.* T 24a8.

5 ci ste bdag śes raṅ bźin phyir J 88b8 : ci ste bdag źes (P : ces D 20b3) raṅ bźin phyir T 24a8.

6 api *o.E.* T 24b1.

7 kaścid *o.E.* T 24b3.

8 svāpāvasthā{va}gamādiṣu Ms 9b3, S (*vgl.* rtog med gñid log sogs skabs su T 24b3).

abādhitatvaṃ[1] sarvasya prathamaṃ tena na pramā ||172||

paścādbādhas tu saṃdigdho[2] niścayas tasya so 'nyataḥ |
pratyakṣato 'numānād vā pramāṇam aparaṃ na hi ||173||

[A37]saṃvādapratyayaḥ[3] so 'nyaviṣaye yadi $_{5}$vartate |
tena pūrvasya mānatvam atītasyekṣyate katham ||174||[4]

sādhanapratyayasyāpi saṃdehaviṣayatvataḥ |
sādhanatvaṃ kathaṃ tasya pramāṇatvāpratītitaḥ ||175||

bodhātmakatvān mānaṃ cet prasaktā sarvamānatā |
abādhitārthabodho 'pi prathamaṃ na prasidhyati ||176||

[A38]athārthakāritāṃ jñātvā tadarthasya[5] pramātvavit |
pramāṇaṃ prāgasiddhaṃ yat tasya vi$_{6}$ttiḥ kathaṃ tataḥ ||177||

yadi pramāṇaṃ prāksiddhaṃ kriyayā[6] tasya yogavit |
arthakriyātas taj jñānaṃ pramāṇam iti gṛhyate ||178||

yatraivārthakriyā[7] tatra pramāṇam atha tan[8] matam |
arthakriyodayo dṛṣṭaḥ so[9] 'pramāṇād gatād[10] api ||179||

tato nārthakriyā sā ced anyato 'pi kathaṃ matā |
tataḥ kadācid aprāpteḥ[11] sānyatrāpi samīkṣyate ||180||

---

[1] a{thā}bādhitatvaṃ Ms 9b4, S.

[2] phyis gnod byed la the tshom Y 324a4 : phyis gnod med par the tshom za T 24b6.

[3] saṃvādaḥ pra° NVinVi I,73,9.

[4] v.174-190 *zit. in* NVinVi I,73,9-26; 75,3-20.

[5] 'on te de don don byed ñid Y 325a3 : de don don byed pa ñid ni T 24b8f.

[6] kriyayā Ms 9b6, NVinVi I,73,17 (*vgl.* de ni byed daṅ ldan rig 'gyur T 25a1) : kriyā (syāt) S.

[7] eva *o.E.* T 25a2.

[8] cen NVinVi I,73,19.

[9] °kriyodayo dṛṣṭaḥ so Ms 9b6, NVinVi I,73,20 (*vgl.* don byed par ni byuṅ ba de J 90a1) : °kriyādayo dṛṣṭās te S (*vgl.* don byed pa la sogs de ni T 25a2; don byed pa la sogs pa Y 325a8).

[10] gatād Ms 9b6, NVinVi I,73,20 (*vgl.* tshad min pas rtogs las T 25a2, Y 325a8) : matād S.

[11] aprāptiḥ NVinVi I,73,22.

yato na prāptisaṃdehas $_{7}$tat pramāṇaṃ mataṃ yadi |
saṃdehasya nivṛttir hi samānākārataḥ kutaḥ ||181||

abhyāsāl lakṣyate[1] paścād ākāraḥ sa vilakṣaṇaḥ |
tataḥ prāptyavinābhāva[2] eṣa[3] so ’nyonyasaṃśrayaḥ ||182||

taddṛṣṭāv eva dṛṣṭeṣu saṃvitsāmarthyabhāvinaḥ |
smaraṇād vyavahāraś[4] ced anumānāt[5] tathā sati ||183||[6]

[A39]tac cānumānam adhyakṣād adhyakṣam anumānataḥ |
itaretarāśrayād[7] eva[8] nāsty anyatarasaṃsthitiḥ ||184||

svarūpasvālambanākārapari$_{8}$cchedi[9] hi pratyakṣaṃ tṛṇasyāpi na kubjīkaraṇe samartham.[10]

na pūrvāparayos tena[11] saṃbandhaḥ parigṛhyate |
deśakālāntaravyāptyā saṃgatir yoga ucyate ||185||

---

[1] rtogs ’gyur te T 25a4.

[2] des na thob la ’khrul med na T 25a4.

[3] eṣa *o.E.* T 25a4.

[4] tha sñad yin T(D) 21a5 : tha dad yin T 25a5.

[5] anumānaṃ NVinVi I,75,4.

[6] *Vgl.* PVin I 18: don mthoṅ ba ñid mthoṅ rnams la || myoṅ ba’i mthu las byuṅ ba yi || dran las mṅon par ’dod pa yis || tha sñad rab tu ’jug pa yin || (*vgl.* TBV 16,26f.; 498,25f.: taddṛṣṭāv eva dṛṣṭeṣu saṃvitsāmarthyabhāvinaḥ | smaraṇād abhilāṣeṇa vyavahāraḥ pravartate ||).

[7] anyonyasaṃśrayād NVinVi I,75,6.

[8] eva *verb.* (*vgl.* phan tshun brten pa ñid kyi phyir T 25a6) : evaṃ Ms 9b7, S, NVinVi I,75,6.

[9] svarūpasvālambanā° Ms 9b7, NVinVi I,75,7 (*vgl.* raṅ dṅos raṅ dmigs (D 21a6 : dmig P) T 25a6) : svabhāvālambanā° S.

[10] *In der tibetischen Übersetzung ist der Satz als Vers wiedergegeben* (*vgl.* raṅ dṅos raṅ dmigs (D 21a6 : dmig P) rnam pa ni | gcod par byed pa’i mṅon sum gyis | rtsva tsam ’gug (P : ’gugs D 21a6) par byed pa yaṅ | nus pa ñid ni yod ma yin T 25a6f.).

[11] des ni T 25a7, Y 326b4 : de ni T(D) 21a4.

deśakālāntaravyāpter adhyakṣaṃ grahaṇe kṣamam |
yadi[1] sarvasya sarvārthadarśitaiva[2] prasajyate ||186||

sahabhāvas tu yo 'vyāptyā[3] na tasmād anumodayaḥ |
kādācitkatayā[4] tasya sarvatrāstv anumātha vā ||187||

idānīm[5] evamākāram etad astī$_{10a}$ti vedyatām |
adhyakṣato[6] na deśādyantarasthagrahaṇaṃ tataḥ ||188||

agṛhīte ca[7] deśādau tadvyāptir gṛhyate katham |
tasyāgrahe 'numānaṃ ced etad[8] atyantasāhasam ||189||

[A40]anumānāntarākṣepād anavasthāvatārataḥ |
prakṛtāpratipattiḥ syāt tasya tasyety apekṣaṇāt ||190||[9]

tasmāt svataḥpramāṇatvaṃ utsargeṇa vyavasthitam |
bādhakāraṇaduṣṭatvajñānābhyāṃ tad apohyate[10] ||191||[11]

---

[1] gal te Y 326b6 : gaṅ du T 25a7.

[2] sarvvārthadarśitaiva Ms 9b8, NVinVi I,75,11 : sarvārthaṃ darśitaiva S.

[3] sahabhāvas tu yo 'vyāptyā NVinVi I,75,12 (*vgl.* khyab min lhan cig 'gyur gaṅ yin T 25a8, J 90b2; khyab min lhan cig Y 326b7) : sahabhāvas tayor vyāptyā Ms 9b8, S.

[4] res 'ga' ba yin pas T(D) 21b1 : res 'ga' ba yin pa'am T 25a8f.

[5] de ñid T 25b1, Y 327a2.

[6] adhyakṣato Ms 10a1, NVinVi I,75,15 : apy akṣato S.

[7] ni T 25b2.

[8] tasyāgrahe 'numānaṃ ced etad *verb.* (*vgl.* des ma bzuṅ ba rjes dpog na || 'di ni T 25b2; tadagrahe 'numānaṃ ced etad NVinVi I,75,17) : tasyāgrahe numānaṃ caitad Ms 10a1: tasyāgrahe nānumānaṃ caitad S.

[9] *Zit. auch in* NVinVi I,16,1f.

[10] apohyate *verb.* (*vgl.* PVSV 106,23; TS 2862; 59,2) : apodyate Ms 10a1, S.

[11] Bṛhaṭṭīkā, *zit. in* TS 2862: tasmāt svataḥpramāṇatvaṃ sarvatrautsargikaṃ sthitam | bādhakāraṇaduṣṭatvajñānānābhyāṃ tad apohyate || (*vgl.* PKM 174,8f.; TBV 18,29f.)

pramāṇam avisaṃvādād bādhakam cen na vidyate |
pramāṇam eva tad vyaktaṃ[1] tad dhi bādhakato[2] 'nyathā ||192||

atrocyate –

bādhakā$_{2}$bhāvamātreṇa na pramāṇatvaniścayaḥ |
prāptikāle ca yo bādhaḥ tasyābhāvaḥ puraḥ kutaḥ ||193||

pramāṇāj jñāyatāṃ prāpteḥ[3] prāptā sārthakriyāsthitiḥ |
sā ca svarūpasaṃvedajñānāt[4] paścād vibhāvyate ||194||

prāk tu tatrānumānasya pravṛttir bhāvivastuni[5] |[6]
tato 'navasthā saiva syāt pramāṇatvagatiḥ kutaḥ ||195||
na pratyakṣānumānābhyām aparaṃ mānam iṣyate ||196||[7]

atrocyate –

svarūpasya svato gatiḥ ||
prāmāṇyaṃ vyavahāreṇa (PV II 4d-5a)

[A41]**svato** hi **svarūpasya**iva **gatiḥ**, na pa$_{3}$rarūpasya. sākṣādgatir hi pratyakṣam. sākṣātkaraṇaṃ ca svarūpasya, na pararūpasya prāptikālaviśeṣaṇasya. pramāṇatā ca prāpyapadārthāvyabhicāritā. na ca prāpyapadārthāgrahaṇe tatsaṃbandhagrahaṇam. na ca tathānavasīyamānaṃ pramāṇam ity avasitaṃ bhavati.[8] purovartirūpāsaṃ-

1 de ni tshad ma ñid du rigs T 25b4.

2 bādhakato *verb.*, S (*vgl.* gnod byed las ni T 25b4) : bādhaketo Ms 10a1.

3 thob las Y 327b6 : thob yin T 25b5.

4 °saṃveda° *verb.* (*vgl.* rig pa yi T 25b5; rig pa'i Y 327b7) : °samvedya° Ms 10a2, S.

5 bhāvi° Ms 10a2 (*vgl.* 'byuṅ ba yi T 25b6) : bhāva° S.

6 sṅar ni de las 'byuṅ ba yi || dṅos la rjes dpag 'jug pa yin T 25b6.

7 *Zit. in* NVinVi I,75,20; 81,9.

8 de ltar ṅes pa ma yin na ni tshad ma ma yin pas na ṅes pa ma yin no T 26a1.

gitā tu[1] sarvajñānānām aviśiṣṭā.[2] na tayā[3] bhāvirūpasaṃbandhaparigrahaḥ. nāpi bhāvinārthakri$_4$yājñānena[4] pūrvārthasaṃbandhaparigrahaḥ.[5] tataḥ svarūpasaṃvedanātmatvān na pratyekaṃ saṃbandhaparigrahaḥ. nāpi samudāyasaṃbhavaḥ, krameṇa sādhanārthakriyājñānayor[6] bhāvāt. taduttarakālabhāvi tu smaraṇaṃ yathānubhavaṃ pravartamānam asaṃbaddham eva dvayaṃ vikalpayati. yathānubhavaparityāgāt[7] tu tad[8] upaplutam eveti na tataḥ saṃbandhapratipattiḥ. tatas tatsaṃbandhāgraha$_5$ṇāt paścād api dṛṣṭasādharmyāt kathaṃ pratipattir anumānād[9] iti na prāmāṇyapratipattyupāya[10] iti **svarūpasya**iva **svato gatiḥ**, na prāmāṇyasya.

atha prāmāṇyaṃ[11] svarūpam eva, bhāvapratyayavācyasya tato 'vyatirekāt.[12] tad ayuktam.

jñānasvarūpaṃ prāmāṇyaṃ prāpyarūpasamanvayi |
svarūpamātragrahaṇe tad agrāhyam itīritam ||197||

na hi jñānasvarūpam eva prāmāṇyam, prāpyarūpasaṃbandhena[13] ta$_6$ttvavyavasthāpanāt. tasya cāgrahaṇam iti pratipāditam eva. tato 'pravṛttinivṛttikaṃ svasvarūpasaṃvedanamātram eva, na bheda-

[1] ca N 199,20.

[2] khyab par med par (P : pas D 22a1) T 26a2.

[3] tayā Ms 10a3, N 199,20, W 31 (*vgl.* des T 26a2) : ca yo S.

[4] śes pas T 26a2 : śes pa T(D) 22a1.

[5] pūrvarūpasaṃbandha° N 199,21 (*vgl.* sṅa ma'i raṅ bźin daṅ 'brel pa T 26a2f.)

[6] °jñānayor N 199,23, W 32 (*vgl.* śes pa dag T 26a4) : °grahaṇayor Ms 10a4, S.

[7] pari{jñānā}‹tyāgā›t Ms 10a4, S, N 200,1.

[8] tad (*vgl.* de bslad pa ñid T(D) 22a3) *o.E.* T 26a5.

[9] rjes su dpag pas mthoṅ ba daṅ | chos mthun pa las ji ltar rtogs T 26a5.

[10] pratipa{..}‹ttyu›pāya Ms 10a5, S, N 200,3.

[11] prāmāṇyaṃ Ms 10a5, N 200,4, W 34 : pramāṇyaṃ S.

[12] tha mi dad pa'i phyir ro T(D) 22a4 : tha dad pa'i phyir ro T 26a6f.

[13] prāpyasvarūpa° N 200,8.

vādāvatāraḥ.[1] tasmān na prekṣāvadbhiḥ[2] kvacit pravartitavyaṃ na nivartitavyaṃ vā kutaścit.[3]

[A42]kathaṃ tarhi prāmāṇyam apramāṇato nivṛttaṃ vyavasthāpyate.[4] **prāmāṇyaṃ vyavahāreṇa**. sāṃvyavahārikam etad iti pratipāditam. saṃvyavahāraś ca vicārya$_7$māṇo viśīryata eva.[5] tatra[6] yady etāvatā paritoṣaḥ, tadā na kiṃcit kartavyam iti muktir eva saṃsārāt, tasyātyantam abhāvāt.[7] atha vyavahāraprasiddhaḥ saṃsāraḥ, tathā sati pramāṇetaravibhāgo ’py asty eveti na pramāṇatvapratipādanāya yatna āstheyaḥ.

kiṃ ca, sāṃvyavahārikaṃ prāmāṇyaṃ pratipādayatā paramārthata ekam eva svasaṃvedanaṃ pratyakṣam ity[8] uktaṃ bhavati.[9]

---

[1] bheda° Ms 10a6, N 200,10, W 38, Yo 59,3 : bhade° S.

[2] rtogs pa daṅ ldan pa dag gis T(D) 22a6 : rtog pa daṅ ldan pa dag gi T 26b1.

[3] ku‹ta›ścit Ms 10a6, S.

[4] tshad ma ma yin pa las log pa ni tshad mar gnas pa’o Y 329a6; ’o na ci ltar tshad ma ñid J 102a3 : ’o na ci ltar tshad ma daṅ tshad ma ma yin pa’i dbye ba rnam par gźag ce na T(D) 22a7.

[5] kathaṃ tarhi prāmāṇyam apramāṇato nivṛttaṃ vyavasthāpyate. prāmāṇyaṃ vyavahāreṇa. sāṃvyavahārikam etad iti pratipāditam. saṃvyavahāraś ca vicāryamāṇo viśīryata eva. (*vgl.* ’o na ci ltar tshad ma daṅ tshad ma ma yin pa’i dbye ba rnam par gźag ce na | tha sñad las na tshad ma ñid || ’di ñid tha sñad pa yin no | źes bstan to || tha sñad kyaṅ rnam par dpyad na ’jig pa ñid do || T(D) 22a7) *o.E.* T 26b2.

[6] de la T 26b2, Y 329b4 : de las T(D) 22a7.

[7] gtan med pa’i phyir T 26b2, Y 329b5 : rten med pa’i phyir T(D) 22b1.

[8] *Vgl.* N 207,22: paramārthataḥ svasaṃvedanam evaikaṃ pratyakṣam iti.

[9] kiṃ ca, sāṃvyavahārikaṃ prāmāṇyaṃ pratipādayatā paramārthata ekam eva svasaṃvedanaṃ pratyakṣam ity uktaṃ bhavati. (*vgl.* gźan yaṅ tha sñad pa’i tshad ma rtogs par byed pas don dam par ni raṅ gi rig pa’i mṅon sum gcig ñid do źes brjod par ’gyur ro T(D) 22b1f.) *o.E.* T 26b3.

tathā hi yadi mānatvam adhyakṣād anumāna$_{8}$taḥ[1] |
siddhim icchaty asaṃdehaṃ[2] vyavahārapadaṃ vṛthā ||198||

[A43]yadi pratyakṣato 'numānato vā[3] parisphuṭā pramāṇatvasiddhiḥ, kimartham ucyate – **vyavahāreṇe**ti. [A44]tasmād vyavahāramātraprasiddhānumānāśrayeṇa prasiddhaṃ saṃbandham āśritya tad etad arthakriyāsādhanam iti darśanena spṛśyādisādhanasya[4] pratipattau[5] pravartate. paścād abhyāsād anumānam[6] antareṇāpi pratibhāsamātrād eva vṛttir iti pratyakṣam a$_{10b}$pi pravartakatvāt pramāṇam.[7] ata ucyate – **prāmāṇyaṃ vyavahāreṇe**ti.

[A45]nanu darśanena rūpam evopalabhyate, na spṛśyam. tathā vartamānam[8] eva, na bhāvi prāpyam. tathā svadṛśyam[9] eva, na paradṛśyam[10] api.[11] tat katham[12] anyadarśane 'nyaprāptyā prāmā-

---

1 anumānataḥ *verb.*, S (*vgl.* rjes (D 22b2 : rjes su P) dpag las T 26b3) : anumānanataḥ Ms 10a7f.

2 siddhim icchaty asaṃdehaṃ *verb.*, Se, W 46 (*vgl.* the tshom med par grub 'dod na T 26b3f.) : siddhim ṛcchaty asandehaṃ Ms 10a8 : siddhim ṛcchati sandehaṃ S.

3 mṅon sum daṅ rjes su dpag pa las T 26b4.

4 sparśādi° N 200,19 (*vgl.* reg pa la sogs pa'i T 26b5).

5 rtogs pa la T 26b5 : rtogs pa las T(D) 22b3.

6 abhyāsād anu° *verb.* (*vgl.* goms pa las T 26b5f.) : abhyāsānu° Ms 10a8, S.

7 'jug par byed pa yin pas tshad ma ñid du brjod do T 26b6.

8 vartamānam *verb.*, S : varttanamānam Ms 10b1.

9 svadṛśyam Ms 10b1, N 200,23 (*vgl.* raṅ gis blta bar bya ba ñid yin gyi (D 22b5 : gyis P) T 26b7) : svadṛśyatyam S.

10 paradṛśyam N 200,23 : paradṛśyatvam Ms 10b1, S (*vgl.* gźan gyis (D 22b5 : gyis *fehlt* P) blta bar bya ba yin pa ni (P : de ni D 22b5) T 26b7f.).

11 api (*vgl.* gźan gyis (*verb.* : gyi PD) blta bar bya ba yaṅ Y 331a4) *o.E.* T 26b7f.

12 tat katham *verb.*, Se, Yo 60,7, N 200,23 (*vgl.* de ci ltar T 26b8) : katham Ms 10b1.

ṇyam.[1] uktam atra – **svarūpasya svato gatir**[2] iti. kiṃ ca,

vyavahārata ekatvāt pramāṇatvavyavasthitiḥ |
deśādyabhedād ekatvaṃ dravyasya vyapadiśyate[3] ||199||

uktam etat **prāmāṇyaṃ**[4] **vyavahāreṇe**ti. tato vyavahāraprasiddham avayavina[5] ekatvaṃ samāśritya $_2$yad eva dṛṣṭaṃ tad eva prāptam iti vyavasāyāt pramāṇatāvyavahāraḥ. sa caikatvādhyavasāyo deśakālādyabhedāt. tadabhedo ’pi tatsāmarthyasāmagrījananāt.[6] evaṃ bhāvibhūtayor[7] api tayor[8] ekasaṃtānapatitatvena[9] samānārthakriyātaś caikatvābhimānaḥ.[10]

[A46]nanv arthakriyāprāpakatvāt pramāṇam. pramāṇaṃ[11] ca[12] kim arthakriyājñāpakam atha kārakam. na tāvat kārakatvāt[13] pramāṇam. kāraṇaṃ[14] hi tadā syāt. atha jñāpakatvāt pramāṇam ucyate. tad apy ayuktam.

---

[1] prāmāṇyaṃ NMs 45b13 (*vgl.* tshad ma ñid T(D) 22b5) : pramāṇaṃ Ms 10b1, S, N 200,23 (*vgl.* tshad ma T 26b8).

[2] gatir *o.E.* T 26b8.

[3] tha sñad ’dogs T 27a1.

[4] prāmāṇyaṃ *verb.*, S : pramāṇyaṃ Ms 10b1.

[5] yan lag tsam T 27a2.

[6] tatsāmarthyasāmagrījananāt Ms 10b2 (*vgl.* der nus pa’i skyed par byed pa’i (P : bya ba’i D 23a1) tshogs pa las (D 23a1 : lags P) so T 27a3; tatsamarthasāmagrījananāt N 201,3) : tatsāmarthyasya sāmagrījananāt S.

[7] ’byuṅ ba daṅ ’byuṅ bar ’gyur ba T(D) 23a1 : ’byuṅ ba daṅ ’gyur ba T 27a3.

[8] tayor *verb.*, W 57 (*vgl.* de dag T 27a3) : tad Ms 10b2, N 201,4, S.

[9] rgyud gcig tu gtogs pa ñid kyis Y 331b2 : gcig gi rgyud du rtogs pa ñid kyis (P : kyi D 23a1) T 27a3.

[10] don byed pa mtshuṅs pa yin la de las kyaṅ gcig tu mṅon par rlom pa yin no T 27a3f.

[11] pramāṇañ Ms 10b2 : prāmāṇyañ S.

[12] ca *o.E.* T 27a4.

[13] kārakatvāt *verb.* (byed pa po ñid kyis T 27a5) : kārakāt Ms 10b2, S.

[14] kāraṇaṃ Ms 10b2, W 59 (*vgl.* rgyu ñid du ’gyur T 27a5) : karaṇaṃ S.

jñāpakaṃ na ta$_3$d arthasya kriyāsaṃdehabhāvataḥ |
kādācitkārthakriyeti tasyā jñāpakatā kutaḥ ||200||

sādhanajñānam antareṇāpi arthakriyopalabdhā. tat kathaṃ tat kāraṇam arthakriyāyāḥ. tad antareṇāpi bhāvi na[1] tat kāraṇaṃ syāt kāryasya. nāpi jñāpakam, dṛṣṭe 'py arthe[2] kadācid arthakriyābhāvāt. na ca taj jñānam apramāṇam, arthāśūnyatvāt. ataḥ kārakatvajñāpakatvābhāve kathaṃ pramāṇaṃ prāpakam arthakriyāyāḥ.[3]

[A47]atro$_4$cyate –

[A48]upeye nāma saṃdehas[4] tāvatā na pramā na sā[5] |
niścitatvād upāyasya[6] pramāsau kiṃ na tāvatā ||201||

na khalūpeyasaṃdehaparijihīrṣā, sarvatropāyaniścayamātreṇa vṛtteḥ. tata upāyaniścaye sati kṛṣīvalādivat prāmāṇikāḥ pravartantām. tad asat. yataḥ

upeyārthitayā sarvaḥ pravartananivartane |
karoti puruṣas tasya saṃdehaś cet kathaṃ pramā ||202||[7]

yadartham iṣyate pramāṇaṃ[8] ta$_5$tropeye saṃdehāt pramāṇam iti kaiṣā vācoyuktiḥ.

---

[1] bhāvi na Ms 10b3, W 60 (*vgl.* de med kyaṅ 'byuṅ (P : mi 'byuṅ D 23a3) bas na de ni 'bras bu'i rgyu ma yin no T 27a6f.) : bhāvinā S.

[2] arthe Ms 10b3, W 61, Yo 61,7 (*vgl.* don mthoṅ ba la yaṅ T 27a7) : artho S.

[3] ci (D : ji P) ltar tshad ma don bya ba'i thob par byed pa yin Y 331b8 : ci ltar tshad ma don gyis thob par byed pa yin T 27a8.

[4] 'bras la the tshom yod ces te T 27a8f.

[5] de tshad min min T 27b1 : de tshad min yin T(D) 23a5.

[6] 'di ñid ṅes phyir T 27b1.

[7] skyes bu 'jug daṅ ldog byed kun || thabs byuṅ don du gñer bas yin || gal te de la the tshom ni || za na ci (D 23a6 : P) ltar tshad ma ñid T 27b2.

[8] gal te gaṅ gi don du tshad ma 'dod pa'i T 27b3.

nanu pramāṇenārtho jñāpayitavyaḥ, na tv arthakriyā kartavyā. arthakriyā hi kutaścit sāmagrīviśeṣāt paścād bhavantī kathaṃ jñāpayituṃ śakyā. tad apy asat.

yadartha eṣa prārambhas tad aniṣpattir eva[1] cet |
asiddhasādhyasaṃbandhaḥ[2] kathaṃ sādhaka ucyatām ||203||

amutaḥ pramāṇād abhimatārthasiddhim āsādayeyam iti pramāṇatānveṣaṇa$_{6}$paraḥ prekṣāvān, nānyathā. vyasanam eva tv anyathā bhavet. arthaś ca[3] prakāśito yadi nārthakriyākārī, kutas tasyānarthāt taimirikopalabdhakeśāder viśeṣaḥ.

atha kadācit tatrārthakriyā bhavati, na taimirikādau. evaṃ tarhi tadarthī kathaṃ pravartate. na khalu saṃdehāt pravartamānaḥ pramāṇāt pravṛtto bhavati. pramāṇaṃ hi niścāyakam, na saṃdehakṛt. arthakriyākāriṇi ni$_{7}$ścayaś cet, arthakriyāniścaye kathaṃ tathā[4] niścayaḥ.

atha tena pramāṇenārthasādhanavastu darśitam. arthakriyā tu yadi kutaścid[5] vaikalyān na bhavati, na pramāṇasyāsau doṣaḥ. tad apy ayuktam.

ajñāpakatvaṃ mānasya na doṣo yadi bhaṇyate[6] |
na tasyāsty aparo doṣa iti sarvaṃ pramā bhavet[7] ||204||

pramīyate yena paricchidyate samīhito 'rthaḥ,[8] tat pramāṇam. na cājñāpakasya[9] paricchedaśaktir ity apramāṇam.

---

[1] eva *o.E.* T 27b5.

[2] asiddhasādhya° Ms 10b5, N 204,20 : asiddhaḥ sādhya° S.

[3] ca *o.E.* T 27b6.

[4] der T 28a1.

[5] kutaścid *verb.*, W 73 : kutaścita Ms 10b7, S.

[6] bhaṇyate Ms 10b7, N 205,8 (*vgl.* mi brjod na T 28a2) : dṛśyate S.

[7] tshad ma yin par 'gyur T 28a2 : tshad ma ma yin par 'gyur T(D) 23b5.

[8] gaṅ gis 'jal bar byed ciṅ 'dod pa'i don yoṅs su gcod pa T 28a2f.

[9] cājñāpa‹ka›sya Ms 10b7, S.

tasmād anyathā prati$_{8}$pādyate.[1]

arthakriyāsvarūpasya niścitasyāvabodhanāt |
jñānaṃ pramāṇaṃ[2] tādātmyatadutpattiprabhāvataḥ[3] ||205||

yat khalv arthakriyājñānam, tad arthakriyātmatvād arthakriyāṃ gamayati. tadarthakriyāyāṃ tad eva sādhanajñānam. pūrvakaṃ tu sādhanajñānam,[4] yadi sthiratayāsāv avadhṛto 'rthaḥ,[5] tadā. pūrvako hi svabhāvo bhāvinaṃ prāptikāle 'vaśyaṃ bhāvayatīti[6] tatprāptiḥ. tata uttaraḥ svabhāvaḥ pūrvakasya svabhāva eva vastutaḥ. tatas tatrā$_{11a}$pi tādātmyam eva.

atha vā tad avaśyaṃbhāvikāryaṃ kāraṇam eva, tena vyāptatvāt kāraṇasya. yac ca vyatiriktaṃ vyāpakam, tat kāraṇam eva, tena vinā tadabhāvāt. anutpannaṃ kathaṃ kāraṇam, utpannam api katham iti samāno doṣaḥ.

nanv asmin satīdaṃ bhavati, asyotpādād idam utpadyate, etad atra vyāpriyate, etad anena kriyata iti kāryakāraṇabhāvam avagacchanti laukikāḥ. na ca bhāvinaḥ sattā, nāpy u$_{2}$tpādaḥ, na ca vyāpāraḥ, nāpi karaṇaṃ[7] tena, avidyamānatvāt tadānīm.

---

[1] pratipādyate Ms 10b8, W 75 (*vgl.* bstan par bya T 28a3f.) : pratipadyate S.

[2] tshad ma ñid T 28a4.

[3] tādātmyatadutpatti° Ms 10b8, W 76 (*vgl.* de bdag (D 23b6, Y 332b2 : dag P) de las 'gyur ba yi T 28a4) : tadātmye tadutpatti° S.

[4] sgrub par byed pa'i śes pa ni T(D) 23b7, Y 333a1 : sgrub par byed pa'i śes pa'i ni T 28a5.

[5] gal te don de brtan (*verb.* : bstan PD) pa ñid du ṅes par 'gyur ba yin na J 107b5 : gal te don de brtan pa ñid du rtogs pa T 28a5.

[6] skye bar byed pa'i phyir Y 333a4 : śes par byed pa'i phyir T 28a6.

[7] k{ā}araṇaṃ Ms 11a2, Se (*vgl.* byed pa T 28b1) : kāraṇaṃ S.

atrocyate –

sattotpādādayo[1] bhāvasvabhāvān[2] na parātmakāḥ |
asmin satīti naivāsmād aparārthasya saṃbhavaḥ ||206||

utpādo 'pi[3] na sattāsvabhāvād aparaḥ.[4] kāraṇānantarabhāvinī[5] cet[6] sattotpādaḥ, kim anantarabhāviny eva sattotpādaḥ.[7] evaṃ cet, [A49]suptasya ciram utthitasya[8] ye vikalpāḥ, teṣāṃ pūrvābhyāsād utpādo na syāt, $_{3}$anantarabhāvitvābhāvāt. śarīrādi[9] ca kāraṇaṃ neti pratipādayiṣyāmaḥ. [A50]na ca[10] vyāpāraḥ paraḥ svabhāvāt.[11] tataḥ svarūpāt svarūpam[12] iti prāptam. [A51]na ca kāryakāle svarūpaṃ kāraṇasya[13] pūrvakasya. avinābhāvitāmātraṃ tu bhāviny api vidyate 'vaśyaṃbhāvikāryasya kāraṇasyāpi.[14] tato[15] bhāvy api kāraṇam.

---

[1] yod daṅ skyes sogs J 108b8 (*vgl.* tshig le'ur byas par (D : bcas pa P) sogs pa'i sgras bstan pa Y 335a8f.) : yod daṅ skyes gñis T 28b2, Y 334b8.

[2] °svabhāvān *verb. metri causa,* Se (*vgl.* raṅ gi ṅo bo las T 28b2) : °svabhāvatvān Ms 11a2, S.

[3] 'pi *verb.* (*vgl.* 'aṅ Y 335a2) : hi Ms 11a2, S.

[4] skyes pa 'aṅ yod pa'i raṅ gi (*verb.* : raṅ gi ni P : raṅ bźin D) ṅo bo ñid las gźan ma (*verb.* : pa PD) yin Y 335a2 : skyes pa daṅ yod pa ni raṅ gi ṅo bo ñid las gźan ma yin no T 28b2f.

[5] kāraṇānantara° Ms 11a2, W 79 (*vgl.* rgyu yi de ma thag T 28b3) : kāraṇāntara° S.

[6] °bhāvinī *o.E.* T 28b3.

[7] ci de ma thag tu byuṅ ba'i yod pa ñid kho na skyes pa yin nam T 28b3.

[8] yun riṅ du gñid log pa las sad pa'i T 28b3.

[9] lus la sogs pa yaṅ Y 335a6 : lus la sogs pa la yaṅ T 28b4.

[10] ca (*vgl.* byed pa (D : byed pa *fehlt* P) yaṅ źes bya ba Y 335b1) *o.E.* T 28b4f.

[11] na ca vyāpāra utpādaś ca svarūpād anyaḥ N 295,27.

[12] tataḥ svarūpāt svarūpam Ms 11a3, N 295,27, Yo 64,9 (*vgl.* des na raṅ gi ṅo bo las raṅ gi ṅo bo T 28b5) : svarūpam S.

[13] kāraṇasya *verb.*, Se, W 84 (*vgl.* rgyu'i T 28b5; kāraṇaṃ pūrvakam N 296,3) : kāṇasya Ms 11a3 : kālasya S.

[14] api *o.E.* T 28b5f.

[15] tato *verb.*, S (*vgl.* 'pi *o.E.* T 28b6) : tato pi Ms 11a3.

[A52]atha dṛṣṭaṃ yat, tad[1] vyāpakaṃ sat kāraṇam, tathā $_4$pūrvabhāvi tad eva kāraṇam,[2] na bhāvīti cet, na.[3]

dṛṣṭasya na[4] svarūpeṇa vyāpakatvaṃ pratīyate |
āropitena rūpeṇa[5] bhāvino 'pi bhaved idam ||207||

dṛśyamānaṃ hi na tāvatā vyāpakam, vyāpyasya tadānīm apratīteḥ. yadā ca vyāpyapratītiḥ, tadā tad bhāvibhūtarūpeṇa vyāpakam, anyathā bhāvirūpāgrahaṇe vyāpitā na syāt.

atha yena rūpeṇa pūrvabhāvitvena tad dṛṣṭam, tenaiva $_5$tasya rūpeṇa vyāpakatā pratīyate, na bhāvirūpeṇa. tad asat.

bhāvirūpāpratītau na vyāpakatvaṃ pratīyate |
prādeśikī na hi vyāptir[6] avyāptiḥ sā tathā bhavet[7] ||208||

bhūtabhaviṣyatkālavyāpitvena hi pratīyamānaṃ kāraṇam, nānyathā. sā ca[8] vyāptiḥ pūrvaṃ dṛṣṭasya drakṣyamāṇasyāpi[9] samānā. drakṣyamāṇasya kathaṃ kāraṇatvam. dṛṣṭasyāpi tadānīm asattvāt $_6$katham iti na praśnāvatāraḥ.[10] sattvāc cet, drakṣyamāṇasyāpi sā.[11] tadā nety etat samānam ubhayatrāpi. pūrvatā cet,

---

[1] tad N 296,5 (*vgl.* de T 28b6) : tatra Ms 11a3, S.

[2] de lta na yaṅ sṅar byuṅ ba gaṅ yin pa de ni rgyu yin gyi T 28b6.

[3] na Ms 11a4, Se (*vgl.* ma yin te T 28b7).

[4] dṛṣṭasya na Ms 11a4, NMs 73b8 : na dṛṣṭasya S : dṛṣṭasya N 296,6.

[5] rūpeṇa *verb.*, S, *metri causa* (*vgl.* raṅ bźin gyis (*verb.* : gyi P; D 24a7) T 28b7) : svarūpeṇa Ms 11a4.

[6] khyab min te T(D) 24b2 : khyab yin te T 29a2.

[7] avyāptiḥ sā tathā bhavet N 296,13 (*vgl.* de lta na de (D 24b2f. : ste P) khyab med 'gyur T 29a2) : ‹..vyāptaḥ sā tathā bhavet›? Ms 11a5 *in margine* : sā tathāvyāptitā bhāvat Ms 11a5 : (syāt) vyāptiḥ sā tathā bhavet || tathā vyāpitābhāvāt Se.

[8] ni T 29a3.

[9] sṅar mthoṅ ba daṅ | mthoṅ bar 'gyur ba la yaṅ T 29a3.

[10] ci ltar yin źes dri ba'i skabs med do T 29a4 : ci ltar yin źes dri ba'i skabs med dam T(D) 24b3f.

[11] sā (*vgl.* de ñid do T(D) 24b4) *o.E.* T 29a4.

kaḥ pūrvāparayoḥ svabhāve viśeṣaḥ. dvayam[1] apy āropitākāreṇa gṛhyate, nāpareṇeti na[2] bhedaḥ.

athaikaṃ pūrvarūpatayā dṛṣṭam āropyate, aparaṃ tu drakṣyamāṇatayāpararūpatayā ca. tena nāsti dvayor api kāraṇateti.

$_7$anyonyam avinābhāvo dvayor api[3] tayoḥ samaḥ[4] |
avāntaravibhāgas[5] tu tatra naḥ[6] kvopayogavān ||209||

yena vinā yan na bhavati, tat tasya kāraṇaṃ vyatiriktatve sati.[7] yathā ca[8] kāraṇasya pūrvaṃ bhāvaṃ vinā na bhavati kāryam,[9] tathāvaśyaṃbhāvikāryaṃ kāraṇaṃ kāryasyāparabhāvaṃ[10] vinā neti[11] samānaṃ kāryakāraṇanibandhanam[12] iti dvayor api parasparaṃ[13] kāryakāraṇabhāvaḥ.

---

[1] de gñis ga T 29a5.

[2] ‹na› Ms 11a6, S, N 296,18.

[3] api *o.E.* T 29a6.

[4] mtshuṅs pa yin T 29a6 : mtshuṅs ma yin D 24b6.

[5] °vibhāgas N 296,22, Se (*vgl.* rnam par dbye ba T 29a6) : °viśeṣas Ms 11a7, S.

[6] naḥ Ms 11a7, N 296,22 : na S (*vgl.* der la ’gar yaṅ dgos pa med T 29a6f.).

[7] tha dad pa yin na T 29a7 : tha dad pa yin no T(D) 24b6.

[8] de lta yin daṅ T 29a7.

[9] rgyu sṅa ma med na ’bras bu phyi ma mi ’byuṅ ba T 29a7.

[10] kāryasyāpara° *verb.* (*vgl.* phyi ma T 29a7) : kāryasya para° Ms 11a7, S.

[11] ’bras bu phyi ma med na mi ’byuṅ ba’i phyir T 29a7f.

[12] kāryakāraṇanibandhanam N 296,25, Se (*vgl.* rgyu daṅ ’bras bu’i rgyu mtshan T 29a8) : kāryakāraṇabhāvanibandhanam Ms 11a7, S.

[13] ‹parasparaṃ› Ms 11a7, S.

samānatvān nimittasya kārya$_{8}$kāraṇatā dvayoḥ |
vyāpitvavyatirekasya[1] paralokānumāpy ataḥ ||210||

na khalu vyāpitāṃ vyatirekaṃ ca[2] vyudasyāparam atra jagati nibandham[3] upalabhāmahe.[4] tena dvayor api kāryāvaśyaṃbhāvikāryakāraṇayoḥ[5] parasparaṃ kāryakāraṇabhāva iti[6] yuktaṃ paśyāmaḥ.

tasmāt[7]

kāraṇaṃ yadi taj jñānaṃ svabhāvo vārthajanmanaḥ[8] |
kāryaṃ vā sarvathā tena jñāpyate 'rthakriyodayaḥ ||211||[9]

yadi sā$_{11b}$dhanajñānam[10] arthakriyāyāḥ kāraṇam, yadi svabhāvaḥ, yadi kāryam, sarvathā tena saṃbandhasaṃbhavāj jñāpyate. etac ca vyāpitādātmyaṃ[11] kāryakāraṇabhāvaś ca vyavahāraprasiddha iti **vyavahāreṇa prāmāṇyaṃ** jñāyata iti.

---

[1] khyab pa daṅ ni tha dad ñid || rgyu mtshan mtshuṅs phyir gñi ga yaṅ || rgyu 'bras ñid yin T 29a8f.

[2] vyatirekañ ca Ms 11a8, N 296,28, W 114 (*vgl.* daṅ tha dad pa (D 25a1 : pa *fehlt* P) T 29b1) : vyatirekasya S.

[3] tha dad pa ma gtogs par rgyu mtshan gźan ni 'gro ba 'dir T(D) 25a1 : tha dad ma rtogs par rgyu mtshan gźan ni 'gro ba 'dir T 29b1.

[4] upalabhāmahe Ms 11a8, N 296,28f., Yo 66,6 : upalamāmahe S.

[5] 'bras bu daṅ 'bras bu gdon mi za bar byuṅ ba'i rgyu Y 336b3 : gaṅ rgyu daṅ 'bras bu gdon mi za bar 'gyur ba'i rgyu T 29b1.

[6] tac ca kāraṇavad avaśyaṃbhāvinaḥ kāryasyāpy asti. tenobhayoḥ parasparakāryakāraṇabhāva iti N 297,1f.

[7] *In der tibetischen Übersetzung ist* tasmāt *im Vers wiedergegeben. Vgl.* de phyir śes de (D 25a2 : te P) don skyed pa || rgyu 'am yaṅ na raṅ bźin nam || 'bras bu 'aṅ ruṅ ste T 29b2.

[8] ‹vā›rtha° Ms 11a8, S.

[9] *Zit. in* SVṬ 409,12f.

[10] sgrub pa'i śes pa de T 29b3.

[11] khyab pa de'i bdag ñid T 29b3f. : khyab pa ni de'i bdag ñid T(D) 25a3.

nanu yāvat pratyakṣaṃ na bhavati saṃbandhasādhakaṃ na tāvad anumānam. pratyakṣeṇa hi[1] saṃbandhagrahaṇe ’numānaṃ prāmāṇyaṃ sādhayati.[2] pramāṇaṃ sat[3] pratyakṣaṃ saṃbandhagrahaṇe samartham itī$_2$taretarāśrayadoṣaḥ.

[A53]atha nānumānena prāmāṇyaṃ sādhyate, api tv arthakriyānubhavena,[4] sa ca svasaṃvedanapratyakṣaprasiddhaḥ, tatra nārthakriyājñānaṃ pratyakṣaṃ sat pramāṇatāṃ pūrvasya gṛhṇāti, nāpi liṅgabhūtaṃ sad anumāpayati,[5] pratyakṣeṇa prāmāṇyasya grahaṇābhāvād atītatvāc ca tadvyakteḥ. na hi[6] vyaktiṃ vinā sāmānyaṃ mānatvaṃ pratyetuṃ śakyam, abhāvāt sāmānyasya.[7] tasmā$_3$t pramāṇatāyāṃ saṃdehamātram. sa cārthakriyāsaṃbandhaḥ saṃdigdhaḥ.[8] arthakriyānirbhāsāt tatra saṃdeho vyāvartata eva.

tad apy asat.[9] yataḥ

saṃdehamātravyāvṛttyā na hi kaścit pravartate |
pratyakṣān niścayād[10] vāpi[11] dṛśyate vṛttir arthinām ||212||

sa evārthakriyābhāsaḥ pratyakṣam iti cen matam |
pratyakṣād eva mānatvapratipattir itīṣyatām ||213||

---

[1] hi *o.E.* T 29b5.

[2] rjes su dpag pa’i tshad ma’i sgrub par byed pa yin no T 29b5.

[3] tshad ma yin na T 29b5 : tshad ma ma yin na T(D) 25a4.

[4] don byed pa myoṅ ba las T 29b6.

[5] ’bras bu’i rtags su ’gyur ba ma yin pas rjes su dpag pa yaṅ ma yin te T 29b7.

[6] hi (*vgl.* ni T(D) 25a6) *o.E.* T 29b8.

[7] sāmānyasya *verb.*, S : sāmanyasya Ms 11b2.

[8] the tshom za ba yin pas T 29b8.

[9] de lta ma yin te T 30a1.

[10] pratyakṣān niścayād Ms 11b3 (*vgl.* ṅes pa ’am mṅon sum las T 30a2) : pratyakṣāniścayād S.

[11] api *o.E.* T 30a1f.

pratyakṣā$_4$d anumānād vā saṃdeho 'pi[1] nivartate |
viruddhasyopalabdher na vinānyasya nivartanam[2] ||214||

yadi pratyakṣabhāvāt sā tadā nāma nivartayet |
saṃdehaṃ tadabhāvo 'stu tadaiva katham anyadā ||215||[3]

tatsaṃdehanivṛttyā[4] ca nāsty evātra prayojanam[5] |
pravartanārthaṃ seṣyeta[6] pravṛttiḥ sā ca sādhitā[7] ||216||

sarvasya cārthasaṃbandho na jñānasyākṣavīkṣitaḥ[8] |
sāmā$_5$nyena ca saṃbandham anumānaṃ vyavasyati ||217||
na cāparā pramāstīti kutaḥ saṃdehavicchidaḥ ||218||

tata uktam – **prāmāṇyaṃ vyavahāreṇ**eti.

---

[1] api *o.E.* T 30a3.

[2] 'gal ba'i raṅ bźin dmigs pa las || bzlog (D 25b1 : blog P) pa gźan ni yod ma yin T 30a3 (*vgl.* viruddhasvabhāvopalabdher nānyasya nivartanam || Se; viruddharūpopalabdher na vinānyaṃ nivartanam W 124).

[3] gal te de ni mṅon sum gyi || dṅos yin de tshe the tshom ni || ldog byed de med de tshe ñid || ci ltar gźan gyi tshe na min T 30a3f.

[4] °nivṛttyā Ms 11b4, Yo 67,11 (*vgl.* bzlog pas T 30a4; ldog pas J 112a1) : °nivṛtyā S.

[5] pra{varttanaṃ}‹yojanaṃ› Ms 11b4, S.

[6] de ni 'jug pa'i phyir 'dod na T 30a4.

[7] sādhi{kā}‹tā› Ms 11b4, S (*vgl.* grub pa yin T 30a4).

[8] śes pa kun gyi don daṅ ni || 'brel pa'aṅ mṅon sum blos rtogs min T 30a5.

[A54]yadi tarhi[1] **vyavahāreṇa prāmāṇyam,**[2] pramāṇalakṣaṇaśāstraṃ tarhi kimartham. śāstraṃ hi nirdiṣṭam[3] api na vacanamātrāt tathā bhavati, api tu vyavahārāvisaṃvādād eva.[4] sa ced asti, vyarthakaṃ śāstram ity āha –

śāstraṃ mohanivarta$_{6}$nam | (PV II 5b)

yadi vyavahārataḥ pramāṇasvarūpam avagamyate, kasmāt parasparavirodhīni lakṣaṇaśāstrāṇi. tato vyavahāre 'pi vimatir eva vyavahāriṇām. tathā hi,

na sarvo **vyavahāreṇa prāmāṇyam** avagacchati |
pramāṇalakṣaṇaṃ[5] tena parasparavirodhavat[6] ||219||

pratyakṣādipramāṇena paraloko na gamyate |
āgamād aparaḥ prāhety[7] ato $_{7}$na vyavahārataḥ ||220||

tasmāt

vyavahāraparāmarśāc **chāstraṃ mohanivartanam** |
pūrvāparasyāsmaraṇaṃ śāstreṇānena vāryate ||221||

ata eva śāstreṇaiva sarvajñoktena[8] moho nivartyate,[9] nānyenety anena prakāreṇa sarvajñavacanam eva pramāṇam iti paramārthataḥ[10] sarvajñajñānam[11] eva pramāṇam, nāparam iti paramārthaḥ.

---

1 tarhi *o.E.* T 30a6.

2 tshad ma ma yin na T 30a6.

3 nirdiṣṭam *verb.*, W 128 (*vgl.* bstan T 30b6; śāstranirdiṣṭam N 201,7f.) : nidṛṣṭam Ms 11b5 : nidṛ(?rdṛ)ṣṭam S.

4 °āvisamvādād eva Ms 11b5, N 201,8 (*vgl.* mi slu ba ñid las T 30a6) : °āvisaṃvādena S.

5 °lakṣaṇan Ms 11b6 : °lakṣan S.

6 *Zit. in* NVinVi II, 282,13f.

7 luṅ las yin źes gźan 'dzer ba T 30b1.

8 thams cad mkhyen pas bstan bcos kyi T 30b2.

9 nivarttyate N 201,18 : nivarttate Ms 11b7, S.

10 paramārthataḥ (vgl. don dam par Y 339a8) *o.E.* T 30b3.

11 thams cad mkhyen pa T 30b3.

anyasya na pramāṇatvaṃ prameyāvyāptisaṃbhavāt[1] |
avyāpinā[2] na kāryā$_{8}$disaṃbandhasya parigrahaḥ ||222||

kāryakāraṇabhāvo hy atītānāgatavartamānakāladeśavyāpisāhacaryarūpo na khalv asarvajñajñānasya[3] viṣayaḥ, vartamānasaṃnihitadeśamātragrahaṇāt[4] pratyakṣasyānumānasya cānavatārāt.[5] sarvajñatvaṃ kathaṃ jñāyate śāstrakārasya cet, etad[6] uttaratra vakṣyāmaḥ.

ajñātārthaprakāśo vā (PV II 5c)

[A55]atha vedaṃ pramāṇalakṣaṇam. prakāśyate 'neneti **pra**$_{12a}$**kāśaḥ**. **ajñāta**syā**rtha**sya **prakāśa**kaṃ jñānaṃ pramāṇam. sāṃvṛtaṃ tu jñānam ajñātasyārthasya na[7] prakāśakaḥ. na hi kaścid ajñāto 'rthaḥ prakāśyate, gṛhītānām eva rūpādīnām anena pṛthag vikalpanāt.[8] pratītyaparāmarśāt tu[9] tad ekam[10] iti vyavahriyate.

[A56]nanu yady avisaṃvādanam antareṇājñātaprakāśanaṃ pramāṇam, dvicandrādyākārasyāpi pramāṇatāprasaṅgaḥ. na, **artha**grahaṇād. asau hi nārthaḥ.

---

1 śes bya khyab pa med pa'i phyir T 30b4.

2 avyāpinā Ms 11b7, N 201,24, W 135 (*vgl.* ma khyab pas T 30b4) : avyāpitā S.

3 khalv asarvvajñajñānasya Ms 11b8, N 201,24, Se, W 136 : khalu sarvajñajñānasya S : thams cad mkhyen pa ma yin pa'i T 30b5.

4 da ltar ñe ba tsam 'dzin (P : yin D 26a2) pa'i phyir T 30b5.

5 rjes su dpag pa yaṅ der mi 'jug pa'i phyir ro T 30b5, Y 339b2 (*vgl.* anumānasya (tatra) cānavatārāt Se).

6 ce‹d e›tad Ms 11b8 (*vgl.* gal te bstan bcos de byed pa thams cad mkhyen pa ñid du ci ltar śes śe na | 'di ni 'og tu bśad par bya'o T 30b5f.) : caitad S.

7 na Ms 12a1, Se, Yo 69,4 (*vgl.* ma yin no T 30b7).

8 des ni ma śes pa'i don 'ga' yaṅ gsal ba ma yin te | so sor gzuṅ ba'i gzugs la sogs pa ñid rnam par rtog pa'i phyir ro T 30b7f.

9 tu *o.E.* T 30b8.

10 ekam *verb.* : aikam Ms 12a1, S.

[A57]nanv arthatvam avisaṃvādād e$_2$va[1] jñāyate. tataś **cāvisaṃvādi**[2] **jñānam** iti tad eva lakṣaṇam iti kathaṃ lakṣaṇāntaram. na, sāmarthyākṣiptasyālakṣaṇatvāt.

uktasāmarthyato yasya pratītis tan na lakṣaṇam |
tathānyasyāpi vastutvaprabhṛter lakṣaṇārthatā ||223||

lakṣaṇaṃ hi yad upāttaṃ sākṣāt, tad eva.[3] yena tu tallakṣaṇaṃ[4] sādhyate, tad api saṃbhavitvamātreṇa na lakṣaṇam. anyathā vastutvādikam api bhavet.

athāpi syāt – na vastutvaṃ tatropayogi $_3$sākṣād anyathā vā. avisaṃvādas tūpayogy arthatvajñāpane. satyam etat. tathāpi **ajñātārtha**grahaṇena[5] gṛhītagrāhipratyayaḥ śakyaḥ parihartum, **nāvisaṃvādi**grahaṇena, tatrāpy avisaṃvādagrahaṇāt.[6] na cāvisaṃvādenārthatvagatiḥ,[7] avisaṃvāde 'pi saṃvṛtisatām arthatvasyāsiddheḥ. kathaṃ tarhy arthatvagatiḥ. parāmarśād iti mantavyam.

[A58]atha v**ārtha**śabdenā4tra paramārtha ucyate. **ajñātārthaprakāśa** iti paramārthaprakāśa ity arthaḥ. paramārthaś cādvaitarūpatā.[8] tatprakāśanam eva pramāṇam. tathā ca pratyapādi[9] – **svarūpasya svato gatir** iti. uktaṃ ca[10] – **prāmāṇyaṃ vyavahāreṇ**eti. tatra pāramārthikapramāṇalakṣaṇam etat, pūrvaṃ tu sāṃvyavahārikasya.

---

1 avisaṃvādād eva *verb.* (*vgl.* mi slu ba ñid las T 31a1; PVV 8,7: avisaṃvādād evā°) : avisamvādeva Ms 12a1f. : avisaṃvāde(na) ca S : avisaṃvādena (FRANCO 1991: *Anm.* 10).

2 ca *o.E.* T 31a1.

3 mtshan ñid de ni dṅos su bzuṅ ba gaṅ yin pa de yin no T 31a3.

4 tal° *o.E.* T 31a3.

5 ajñātā° Ms 12a3 : ajñānā° S.

6 de la yaṅ (D 26b1 : yaṅ ni P) mi slu ba yod pa'i phyir ro T 31a5.

7 °ā‹rthatva›gatiḥ Ms 12a3, S.

8 gñis su med pa'i raṅ bźin ñid yin pas T 31a7.

9 pratyapādi *verb.* (*vgl.* bstan pa yin no T 31a7) : pratyayādi Ms 12a4, S.

10 ca *o.E.* T 31a8.

[A59]yady **ajñātārthaprakāśa**kaṃ pramāṇam, sāmānyārtho 'py ajñā$_{5}$ta eva prathamabhāvinā svalakṣaṇajñānena taduttarakālabhāvinā[1] prakāśyate. tathā saṃbandhādir apīti tasyāpi prāmāṇyaṃ prasajyate. na cāgṛhītagrāhitvāt[2] smṛtir evaiṣā, agṛhīte[3] smaraṇābhāvāt.

na svalakṣaṇavijñānaṃ sāmānyaṃ gṛhṇad iṣyate[4] |
grahaṇād agṛhītasya prāptā sāmānyavit pramā ||224||

tad evāha –

svarūpādhigateḥ param ||
prā$_{6}$ptaṃ sāmānyavijñānaṃ (PV II 5d-6a)

pramāṇam iti saṃbandhaḥ.[5] svasaṃvedanena ca[6] sāmānyaṃ jñānātmabhūtaṃ pratīyata ity atrāvivāda eva. tato yadi parabhūtaṃ jñānāt sāmānyam athātmabhūtam,[7] sarvathā tajjñānaṃ pramāṇaṃ[8] prāptam.

atrocyate – na,[9]

avijñāte svalakṣaṇe |
yaj jñānam ity abhiprāyāt svalakṣaṇavicārataḥ || (PV II 6b-d)

---

1 °uttarakāla Ms 12a5 : °uttarāla° S.

2 cāgṛhīta° *verb.* : ca gṛhīta° Ms 12a4, S (*vgl.* bzuṅ ba 'dzin pa'i phyir T 31b1).

3 ma bzuṅ ba la yaṅ T 31b2.

4 gṛhṇad iṣyate *verb.* : gṛhṇadīṣyate Ms 12a5, S.

5 sambandhaḥ Ms 12a6 (*vgl.* 'brel to T 31b3) : sambandhārthaḥ S.

6 ni T 31b3.

7 athātmabhūtam *verb.* (*vgl.* des na gal te spyi śes pa las gźan du 'gyur ba 'am | 'on te bdag ñid du 'gyur ba yin yaṅ ruṅ ste T 31b3f.) : athābhūtam Ms 12a6 : arthābhūtaṃ S : parabhūtaṃ sāmānyajñānād atha tadātmabhūte 'pi yuktaṃ Se.

8 pramāṇaṃ Ms 12a6 (*vgl.* tshad mar 'gyur ro T 31b4) : *o.E.* S.

9 na *ergänzt* (*vgl.* ma yin te T 31b4).

saty apy agṛhītagrahaṇe sāmānyajñāna$_{7}$sya na pramāṇatā. kiṃ kāraṇam. **avijñāte svalakṣaṇe yaj jñānaṃ** tad eva[1] pramāṇam abhipretam, na sāmānye 'pi.[2] ajñātasāmānyajñānaṃ na pramāṇam,[3] api tv ajñātasvalakṣaṇajñānam. kuta etat. [A60]**svalakṣaṇavicārataḥ**. asti nāstīti vā vyavasthāpanārthaṃ pramāṇaṃ prekṣāvatāpekṣyate. sa cāsti nāstīti vā vicāraḥ svalakṣaṇasyaiva, na sāmānyasya, tatra puruṣāṇām anādarāt. yatra ca vicāra$_{8}$ṇā tatra taduttarakālaṃ tatsvabhāvaṃ vā prapadyate pramāṇam iti[4] na sāmānye vṛttiḥ pramāṇasyeti na tatra pramāṇam.

atha sāmānyānavabodhe kathaṃ tad evedam iti jñātvā[5] pravartate. na, sāmānyānavabodhe 'py atyantābhyāsāt pravartanāt. atha tatrāpi sāmānyam eva pravartakam. tan na,[6] ajñātasya pravartakatvājñānāt. jñāne 'pi tasya yadi svalakṣaṇaṃ na jñāyate na pravartate. svalakṣa$_{12b}$ṇajñāne tu sāmānyāparicchede 'py abhyāsāt.[7] tatas tatrāpravartakatvāt tadunmukhatvābhāvāc[8] ca na sāmānye jñānaṃ pramāṇam.[9] bhavatu vā[10] pravartakatvam, tathāpi tadunmukhatvābhāvān na tatra[11] pramāṇam. svasaṃvedanena tu grahaṇe, svalakṣaṇam eva tad iti svalakṣaṇaviṣayam eva pramāṇam.[12]

---

1 de ñid T(D) 27a1 : de ni T 31b5.

2 spyi ni ma yin no T 31b5.

3 tshad ma ma yin gyi T(D) 27a2 : tshad ma yin gyi T 31b6.

4 gaṅ rnam par dpyad pa de la dus phyis de'i raṅ bźin yin pa'i phyir tshad ma 'jug pa'i phyir ro T 31b7f.

5 jñātvā *o.E.* T 31b8.

6 tan nā° Ms 12a8 (*vgl.* de ni ma yin te T 32a1) : tan na *o.E.* S.

7 goms pa las 'jug pa yin no T 32a2.

8 tadunmukha° Ms 12b1, Yo 72,6 : dunmukha° S.

9 spyi śes pa ni tshad ma ma yin no T(D) 27a5 (*vgl.* spyi la tshad (D : chod P) ma ma yin no Y 343a4) : mi śes pa ni tshad ma ma yin no T 32a2f.

10 vā (*vgl.* chug kyaṅ Y 343a5) *o.E.* T 32a3.

11 de T(D) 27a6; te T 32a3.

12 raṅ gi mtshan ñid kyi yul ñid la tshad ma yin no T 32a3f.

[A61]yadā tu punar[1] advaitam, tadā na sāmānyaṃ tat. na ca[2] svalakṣaṇapratipatter[3] ūrdhvam anyad veti vyapadeśaḥ.

avij jñāte svalakṣaṇe |
yaj jñānam ity abhiprāyād (PV II 6bc)

iti.[4] na vidyate vid asyety **avit**.[5] $_{2}$kva. **jñāte svalakṣaṇe yaj jñānam**[6] iti.[7] na khalu pūrvottarabhāve pramāṇam, yena svalakṣaṇajñānād uttarakālam etad iti vilakṣaṇatā vā[8] pratīyeta.[9] svalakṣaṇam evātra[10] sarvatra jñāne[11] pratīyate, na ca bheda iti.[12]

[A62]kimarthaṃ tarhi pratyakṣānumānabhedo bāhyavijñānabhedaś ca bhagavatā nirdiṣṭaḥ,[13] saṃkleśavyavadāne[14] cety[15] āha –

---

1 punar *o.E.* T 32a4.

2 tan na ca Ms 12b1 (*vgl.* de źes bya ba ni śes pa'i bdag ñid do Y 343b1; yaṅ ma yin no T 32a4) : tatra ca S.

3 svalakṣaṇa° Ms 12b1, Yo 72,10 : svalakṣa° S.

4 jñāte svalakṣaṇe | yaj jñānam ity abhiprāyād iti *ergänzt* (*vgl.* raṅ gi mtshan ñid śes pa la || śes gaṅ rig med phyir bsams pas | źes bya ba la T 32a4f.; *Anhang* 61) : *o.E.* Ms 12b1, S : abhiprāyeṇa yaj jñānāvido jñāte svalakṣaṇe Se. *Diese zweite Lesart von 6bc ist nach der tibetischen Übersetzung zu ergänzen, weil die folgenden Sätze ohne sie keinen Bezug haben und beide Kommentatoren diesen Satz als* pratīka *zitieren* (*vgl.* ci'i phyir de ltar mi bsñad sñam pa'i dogs pa sel ba'i sgo nas rtsa ba 'brel pa ni raṅ gi mtshan ñid źes bya ba la sogs pa'o Y 343b1f.; śes gaṅ rig med ces bya ba smos te J 117a6).

5 rig med pa ni 'di la rig pa med pas rig med do T 32a5 : rig med pa ni 'di la rig pa med do T(D) 27a7.

6 yaj jñānam *verb.* (*vgl.* śes pa gaṅ źig T 32a5) : taj jñānam Ms 12b2, S.

7 de'i phyir ro T 32a5.

8 gaṅ gis 'di ni raṅ gi mtshan ñid śes pa'i 'og rol tu yin no źe 'am | mi (D 27b1 : 'di P) 'dra ba ñid du T 32a5.

9 pratīyeta Ms 12b2 (*vgl.* rtogs par 'gyur ba T 32a6) : pratīyate S.

10 eva *o.E.* T 32a6.

11 śes pa thams cad T 32a6.

12 iti *o.E.* T 32a6.

13 nirdiṣṭaḥ *verb.*, S (*vgl.* bstan T 32a7) : nirdṛṣṭaḥ Ms 12b2.

14 °vyava{dha}dāne Ms 12b2, S.

15 'o na ci'i phyir bcom ldan 'das kyis mṅon sum daṅ rjes su dpag pa'i dbye

abhiprāyāt. avisaṃvādāc ca.[1] vineyajan**ābhiprāyāt**[2] tam apekṣya. svasaṃveda$_3$nam evaikaṃ pratyakṣaṃ[3] pramāṇam, nāparam, prapañcavineyānurodhāt.[4] yathā yathā vineyānāṃ tattvamārgānupraveśaḥ saṃbhavī, tathā tathā bhagavato deśaneti na virodhaḥ. kuta etat.

svalakṣaṇavicārataḥ || (PV II 6d)

vicāryamāṇaṃ hi sakalam eva viśīryate.[5] nādvaitād aparaṃ tattvam asti.[6] tad eva krameṇa bhagavatā vicāryate, akrameṇa vicā$_4$rayitum aśakyatvāt.

atha bahirviparivartamānasya kathaṃ svasaṃvedanatā. naitad asti.

bahir antar iti jñānaṃ deśakālādyapekṣaṇāt |
svarūpavyatirekeṇa[7] deśakālāv[8] asaṃgatau ||225||

etac ca paścād ādarśayiṣyate.[9]

[A63]bhagavatas tarhi kathaṃ prāmāṇyam. pratyakṣānumānayor[10] hi vyavahāramātreṇa prāmāṇyam, na bhagavataḥ. tad dhi paraṃ pramāṇam. atro$_5$cyate –

tadvat pramāṇaṃ bhagavān (PV II 7a)

---

ba daṅ phyi rol daṅ rnam par śes pa'i dbye ba daṅ | kun nas ñon moṅs pa daṅ rnam par byaṅ ba'i dbye ba bstan ce na T 32a7.

1 ca *o.E.* T 32a7f.

2 vineyajanā° *verb.* (*vgl.* gdul bya'i (Y 343b6 : ba'i P, D 27b2) skye bo'i T 32a8) : vineyajñānā° Ms 12b2, S.

3 raṅ rig pa'i mṅon sum gcig ñid T 32a8.

4 spros pa ni gdul bya'i dbaṅ gis te T 32a8.

5 thams cad mi gnas pa ñid do T 32b2.

6 *Vgl.* SVṬ 11,28f.

7 vyatirekeṇa *verb.*, S : vyarikeṇa Ms 12b4.

8 deśakālāv Ms 12b4, Yo 73,12 : deśakālav S.

9 ādarśayiṣyate Ms 12b4 : darśayiṣyate S.

10 °ānumānayor Ms 12b4 : °ānumayor S.

tathāgato hi **bhagavān tadvān** iti kṛtvā pratyakṣarūpa eva **bhagavān pramāṇam**. paścāt pratipādayiṣyate. kuta etat pratīyate. tad āha –

abhūtavinivṛttaye[1] | [2] (PV II 7b)

bhrāntinivṛttyartham. yatas tasya bhagavato

bhūtoktis[3] (PV II 7c')

tataḥ sa eva sarvajñaḥ, nāparaḥ. tathā ca pramāṇam. āha ca[4] –

sādhanāpekṣā tato yuktā pramāṇatā || (PV II 7'cd)

bha$_6$gavata eva, na vedasya. vedasya hi na kiṃcidarthāsaṃbandhe pramāṇatvam.[5] asya tu **bhūtoktir** eva pramāṇaṃ pramāṇaviṣaye.[6] anyatra tu vakṣyāmaḥ.

atha vā paramārthatas **tadvad** advaitāvabodhād eva[7] **pramāṇaṃ bhagavān** api, na sarvārthaparijñānataḥ. sarvārthaparijñānaṃ tu lokavyavahāreṇa sāṃvṛtam eva. tathā coktam <u>advayaṃ yānam u$_7$ttamam</u>.

pramāṇavārttikālaṃkāre pramāṇasiddhivārttikaṃ dvitīyam.[8]

---

1 °vinivṛttaye *verb.*, S, *metri causa* : °nivṛttaye Ms 12b5.

2 S *schiebt hier* PV II 7cd *ein. Das entspricht aber nicht* Ms 12b5 *und* T 32b6.

3 'khrul pa bzlog pa'i don du (D 27b7 : du ni P) bcom ldan 'das des yaṅ dag ñid (D 27b7 : ñid *fehlt* P) gsuṅs || gaṅ gi phyir de lta yin pa T 32b6f.

4 ca *o.E.* T 32b7.

5 na kiṃcidarthāsaṃbandhe pramāṇatvam *verb.* (*vgl.* 'ga' yaṅ don daṅ 'brel pa med pas tshad ma ma yin no T 32b7f.) : na kiñcid arthasambandhe pramāṇam Ms 12b6, S.

6 'di ni tshad ma'i yul la bden par gsuṅ ba ñid kyis tshad ma yin no T 32b8.

7 gñis su med par rtog pa ñid kyis T 32b8f.

8 pramāṇavārttikālaṃkāre pramāṇasiddhivārttikaṃ dvitīyam *ergänzt* (*vgl.* tshad ma rnam 'grel gyi rgyan las | tshad ma grub pa'i rnam 'grel gñis pa'o T 33a2).

Anhang

Paralleltexte in der Pramāṇavārttikavṛtti (Ravigupta) = R, der Aṣṭasahasrī (Vidyānanda) = AS und dem Nyāyabhūṣaṇa (Bhāsarvajña) = N

1 1,10-2,4 ≈ R 137b6ff.; R(D) 293b5ff.: ’dir yaṅ sṅa ma phyed kyis ni rgyu daṅ ’bras bu phun sum tshogs pas tshad mar gyur pa’i bcom ldan ’das bstan par mdzad do || de la rgyu phun sum tshogs pa ni gñis te | sñiṅ rje daṅ | thabs so || de la sñiṅ rje ni **’gro la phan par bźed** ces bya bas bstan to || thabs goms par bya ba ni **ston pa** źes bas so || ’bras bu phun sum tshogs pa yaṅ gñis te | raṅ gi don (D : don *fehlt* P) phun sum tshogs pa daṅ gźan gyi don phun sum tshogs pa’o || de la raṅ gi don phun sum tshogs pa ni **bde gśegs** źes pas bstan te | de la bde ba’i sgras ni don gsum ñe bar ’dzin te | rab tu mdzes par gśegs pa daṅ | phyir mi ldog par gśegs pa daṅ | lhag ma med pa’i don du gśegs pa’i phyir gzugs bzaṅ po daṅ | rims naṅ legs par byaṅ ba daṅ | bum pa rab tu gaṅ ba bźin no || gźan gyi don phun sum tshogs pa yaṅ **skyob pa** źes pas bstan te | yoṅs su mya ṅan las ma ’das pa’i chos kyi skus ’gro ba thams cad yoṅs su skyab pa’o ||

2 2,8-11 ≈ R 138a6ff.; R(D) 294a4f.: <u>rNam par ’grel pa mdzad pa</u> thun moṅ gi mtshan ñid ñe bar bstan pa’i phyir | **tshad ma slu med can śes pa** źes bya ba smos te | śes pa ni tshad ma ste | de yod na yoṅs su gcod pa ’grub pa’i phyir daṅ | dbaṅ po la sogs pa la de bzlog pa’i phyir ro || gaṅ la slu ba med pa yod pa de’i śes pa yod pa de ni gdon mi za bar tshad ma ste | slu ba la de bzlog pa’i phyir ro ||

3 3,1-9 ≈ R 139b7ff.; R(D) 295a7ff.: yaṅ na gal te gaṅ gi tshe | slu ba med pa’i śes pa tshad ma ma yin pa de’i tshe | śes pa’i bdag ñid du gyur pa daṅ | slu ba med pa ñid raṅ gi ṅo bo yoṅs su gcod pa’i dus su gcod pa’i (D : dus su gcod pa’i *fehlt* P) phyir rab tu brtag par bya ba ma yin no źes bya ’am | ’on te raṅ gi ṅo bo yoṅs

su mi gcod na de'i tshe śes pa raṅ rig par mi 'gyur ro źes rtsod par 'gyur du 'oṅ ṅo sñam nas | **don byed pa ru gnas pa ni mi slu ba yin te** źes bya ba smos so || des ni 'di skad du śes pa'i raṅ bźin ñid la mi slu ba ma yin te don byed par khoṅ du chud pa la mi slu ba yin no || mi slu ba daṅ 'brel pas slu ba med pa ñid do || raṅ gi ṅo bo yoṅs su gcod pa'i tshe śes pa don byed par snaṅ ba ni ma yin la ñams su ma myoṅ na don byed pa de daṅ 'brel pa ni (D : ni *fehlt* P) ma yin no sñam du dgoṅs so ||

4 3,10f. ≈ R 139b1; R(D) 295a2f.: **don** ni bsreg pa daṅ brtso ba la sogs pa'o || **byed pa** ni sgrub pa ste | **gnas pa** ni khoṅ du chud pa 'am mi 'gyur ba ñid la bya'o ||

5 3,16f. ≈ N 208,22f.: dviṣṭhasaṃbandhasaṃvittir naikarūpapravedanāt | dvayasvarūpagrahaṇe sati saṃbandhavedanam ||

6 3,19-4,2 ≈ R 139a6f.; R(D) 294b7f.: 'on te bslu ba med pas śes pa sṅa ma tshad mar 'dod na bslu ba med par śes pa ñid tshad ma yin nam tshad ma min | gal te tshad ma ma yin na | ji ltar don byed par gnas 'on te tshad ma yin na ni de'i tshe de la yaṅ slu ba med par śes pa gźan daṅ ldan pas tshad ma thug pa med par 'gyur ro ||

7 4,3-7 ≈ N 198,15-19: uttarārthakriyābhāvāt pūrvasya yadi mānatā | tadaivārthakriyābhāvād uttarasya kathaṃ na sā || yasyārthakriyoparodhena pūrvasyāpi mānatā vyavatiṣṭhate, tasya tadaivārthakriyā bhavantī sutarāṃ mānatāṃ vyavasthāpayati, **arthakriyāsthitir avisaṃvādanam** iti sāmānyenābhidhānād iti.

8 4,5f. ≈ R 139b1f.; R(D) 295a3: 'di sñam du gaṅ la tha dad pa'i don byed pa de la ji srid du tshad ma daṅ 'brel pa'i phyir daṅ | gaṅ du tha mi dad pa'i don byed pa yod pa de ñid ni śin tu yaṅ tshad ma yin no ||

9 4,14f. ≈ R 140a5f.; R(D) 295b4f.: sgra las byuṅ ba ni sgra'i yul can gyi śes pa źes bya ba'i tha tshig go || 'aṅ gi sgras ni khra bo la sogs pa mthoṅ ba yaṅ gzuṅ ṅo ||

10 6,9-13 ≈ R 139b5ff.: duṅ la ser por mthoṅ ba ñid tshad ma ma yin te don bya ba byed pa daṅ bral ba'i phyir ro || dbyibs bsgrub par bya ba'i don bya ba byed par 'gyur ro || źe na | de la rjes su dpag pa ñid tshad mar 'gyur te | 'di ltar snaṅ ba'i khyad pa ñid ni de lta bur gyur pa'i dbyibs med na mi 'byuṅ ba'i phyir daṅ ser po sgrub pa'i don byed pa med pas mṅon sum du ser po bzuṅ ba la tshad ma ma yin no ||

11 7,5-10 ≈ R 140a6ff.; R(D) 295b5f.: de la bsam pa ni 'dod pa'o | rtogs pa ni khoṅ du chud par byed pa'i phyir ro || 'dir yaṅ bsam pa'i yul gyis 'dod pa'i don ston pa'o || des ni 'di skad du sgra'i śes pa ni tha mi dad pa'i don byed pa daṅ phrad par byed pas tshad ma ste | 'di ltar dbyaṅs thos pa ñid don byed par 'dod pa'o || khra bo la sogs pa mthoṅ ba yaṅ khoṅ du chud pa'i don byed do || don byed par gnas pa khyad par med par gzuṅ bas ni slu ba med pa źes bstan pa yin no ||

12 12,10f. ≈ R 140a8f.; R(D) 295b6f.: de'i phyir 'dis ni thos pa'i blo ni tshad pa min | cig śos daṅ ni 'brel med phyir || źes bya ba de bsal ba yin no ||

13 14,17f. ≈ AS 5,20f.: niravaśeṣo yogo hi niyogas tatra manāg apy ayogasya saṃbhavābhāvāt.

14 29,2-31,15 ≈ AS 6,2-7,3: pratyayārtho niyogaś ca yataḥ śuddhaḥ pratīyate | kāryarūpaś ca tenātra śuddhaṃ kāryam asau mataḥ || viśeṣaṇaṃ tu yat tasya kiṃcid anyat pratīyate | pratyayārtho na tad yuktaṃ dhātvarthaḥ svargakāmavat || prerakatvaṃ tu yat tasya viśeṣaṇam iheṣyate | tasyāpratyayavācyatvāc chuddhe kārye niyogatā || 1 || iti vacanāt. pareṣāṃ śuddhā preraṇā niyoga ity āśayaḥ. preraṇaiva niyogo 'tra śuddhā sarvatra gamyate | nāprerito yataḥ kaścin niyuktaṃ svaṃ prabudhyate | 2 | preraṇāsahitaṃ kāryaṃ niyoga iti kecin manyante. mamedaṃ kāryam ity evaṃ jñātaṃ pūrvaṃ yadā bhavet | svasiddhau prerakaṃ tat syād anyathā tan na sidhyati | 3 | kāryasahitapreraṇā niyoga ity apare. preryate puruṣo naiva kāryeṇeha vinā kvacit | tataś ca preraṇā proktā niyogaḥ kāryasaṃgatā | 4 | kāryasyaivopacārataḥ pra-

vartakatvaṃ niyoga ity anye. preraṇāviṣayaḥ kāryaṃ na tu tat prerakaṃ svataḥ | vyāpāras tu pramāṇasya prameya upacaryate | 5 | kāryapreranayoḥ saṃbandho niyoga ity apare. preraṇā hi vinā kāryaṃ prerikā naiva kasyacit | kāryaṃ vā preraṇāyogo niyogas tena saṃmataḥ | 6 | tat samudāyo niyoga iti cāpare. parasparāvinābhūtaṃ dvayam etat pratīyate | niyogaḥ samudāyo 'smāt kāryapreraṇayor mataḥ | 7 | tad ubhayasvabhāvavinirmukto niyoga iti cānye. siddham ekaṃ yato brahma gatam āmnāyataḥ sadā | siddhatvena na tat kāryaṃ prerakaṃ kuta eva tat | 8 | yantrārūḍho niyoga iti kaścit. kāmī yatraiva yaḥ kaścin niyoge sati tatra saḥ | viṣayārūḍham ātmānaṃ manyamānaḥ pravartate | 9 | bhogyarūpo niyoga ity aparaḥ. mamedaṃ bhogyam ity evaṃ bhogyarūpaṃ pratīyate | mamatvena ca vijñānaṃ bhoktary eva vyavasthitam || svāmitvenābhimāno hi bhoktur yatra bhaved ayam | bhogyaṃ tad eva vijñeyaṃ tad evaṃ svaṃ nirucyate || sādhyarūpatayā yena mamedam iti gamyate | tatprasādhyena rūpeṇa bhogyaṃ svaṃ vyapadiśyate || siddharūpaṃ hi yad bhogyaṃ na niyogaḥ sa tāvatā | sādhyatveneha bhogyasya prerakatvān niyogatā | 10 | puruṣa eva niyoga ity anyaḥ. mamedaṃ kāryam ity evaṃ manyate puruṣaḥ sadā | puṃsaḥ kāryaviśiṣṭatvaṃ niyogo 'sya ca vācyatā || kāryasya siddhau jātāyāṃ tadyuktaḥ puruṣas tadā | bhavet sādhita ity evaṃ pumān vākyārtha ucyate | 11 | so 'yam ekādaśaprakāro 'pi niyogo vicāryamāṇo bādhyate. pramāṇādyaṣṭavikalpānatikramāt. tad uktam. pramāṇaṃ kiṃ niyogaḥ syāt prameyam atha vā punaḥ | ubhayena vihīno vā dvayarūpo 'tha vā punaḥ || śabdavyāpārarūpo vā vyāpāraḥ puruṣasya vā | dvayavyāpārarūpo vā dvayāvyāpāra eva vā ||

15 33,13-18 ≈ AS 19,6-8: sā hi dvidhā. śabdabhāvanārthabhāvanā ca. śabdātmabhāvanām āhur anyām eva liṅādayaḥ | iyaṃ tv anyaiva sarvārthā sarvākhyāteṣu vidyata iti vacanāt. tatra śabdabhāvanā śabdavyāpāraḥ. śabdena hi puruṣavyāpāro bhāvyate. puruṣavyāpāreṇa dhātvarthaḥ, dhātvarthena phalam iti.

16 34,3f. ≈ AS 20,9f.: śabdād uccaritād ātmā niyukto gamyate naraiḥ | bhāvanātaḥ paraḥ ko vā niyogaḥ parikalpyatām iti.

17 34,5 ≈ AS 20,9: bhāvanaiva niyoga iti śabdāntareṇoktā syāt.

18 34,6-12 ≈ AS 20,10-14: yadi śabdavyāpāro bhāvanā, katham agṛhītasaṃketo naiva gacchati. niyukto 'ham aneneti svabhāvatas tasya niyojakatvāt. saṃketagrahaṇasyānupayogitvād iti tad asamīcīnam eva, saṅketasya tathāvagatau sahakāritvāt, sāmagrī janikā naikaṃ kāraṇam iti prasiddheḥ. nanu ca saṃketasāmagrī na preraṇe bhāvanāyāṃ vā vyāpriyate, arthavedane tasyāḥ pravṛtteḥ, arthapratītau puruṣasya svayam eva tatra tadarthitayā pravṛtteḥ.

19 34,13-18 ≈ AS 20,14-17: idaṃ kurv iti preṣaṇāddhyeṣaṇayor eva hi pratītiḥ. tadapratītau niyuktatvāpratipatteḥ. niyuktatvaṃ ca nāma kārye vyāpāritatvam. kārye vyāpṛtatām avasthāṃ pratipadya niyojako niyuṅkte. sā ca tasya bhāviny avasthā na svarūpeṇa sākṣātkartuṃ śakyā. svarūpasākṣātkaraṇe hi sarvaṃ tadaiva siddham iti na niyogaḥ syāt saphalaḥ.

20 35,1-6 ≈ AS 21,1-4: yathā prayojakas tatra bādhyamānapratītikaḥ | prayojyo 'pi tathaiva syāc chabdo buddhyarthavācakaḥ || yathaiva hi prayojakasya śabdasya prayojyena puruṣeṇa svavyāpāraśūnyam ātmānaṃ pratīyatā prayojakatvapratītir bādhyamānā nirālambanā tathā prayojyatvapratītir api tenaiva svavyāpārāviṣṭam ātmānam apratīyatā bādhyate. śabdāt sā pratītir iti.

21 35,6-10 ≈ AS 21,4-6: so 'pi hi śabdo buddhyartham eva khyāpayati, evaṃ mayā pratipāditam evaṃ mayā pratipannam iti dvayor api pratipādakapratipādyayor adhyavasāyāt. pauruṣeyavacanād dhi mayaivaṃ tāvat pratipannam, asya tv vaktur ayam abhiprāyo bhavatu mā vā bhūd iti.

22 35,12f. ≈ AS 21,9-10: **vaktṛvyāpāraviṣayo yo 'rtho buddhau prakāśate | prāmāṇyaṃ tatra śabdasya nārthatattvanibandhanam** iti vacanāt.

23 38,1-4 ≈ AS 22,13-15: niyogo yadi śabdabhāvanārūpo vākyārthaḥ, tathā sati devadattaḥ paced iti kartur anabhidhānāt kartṛ-

karaṇayos tṛtīyeti tṛtīyā prāpnoti. kartur abhidhāne tu anabhihitādhikārāt tiṅaiva coktatvān na bhavatīti.

24 38,6f. ≈ AS 22,18f.: kramapratītir evaṃ syāt prathamaṃ bhāvanāgatiḥ | tatsāmarthyāt punaḥ paścād yataḥ kartā pratīyate ||

25 38,8-13 ≈ AS 22,19-23,1: dvivacanabahuvacane ca prāpnutaḥ, ekatvād vyāpārasya. atha kārakabhedād svavyāpārabhedo bhaviṣyati, kriyate kaṭo devadattayajñadattābhyām iti mahadasamañjasaṃ syāt. tathā hi, ekatvāt karmaṇaḥ prāptaṃ kriyaikatvaṃ tathā bhidaḥ | kartṛbhedād itītthaṃ ca kiṃ kartavyaṃ vicakṣaṇair iti.

26 39,1-14 ≈ AS 23,2-8: pratīyate hi dhātvarthasya bhedād ekavacanaṃ devadattayajñadattābhyām āsyate. sa ca dhātvartho na niyogaḥ, niyogasya pratyayārthatvāt. sa ca dhātvarthātiriktaḥ kartṛsādhyaḥ. tasya kartṛbhedād bheda iti tataḥ kaṭaṃ kuruta iti dvivacanam. dhātvarthas tu śuddho na kārakabhedād bhedī. syād ākūtam. saṃbandhād yadi tadbhedo dhātvarthasyāpy asau bhavet | so ’pi nirvartya eveti tadbhedenaiva bhidyatām || asmākaṃ tu, vivakṣāparatantratvād bhedābhedavyavasthiteḥ | lābhidhānāt kārakasya sarvam etat samañjasam || kriyā kartuḥ karmaṇaś ca bhedena hi vivakṣyate. sā yadā lakāreṇābhidhīyate, na kartā tadā kartari tṛtīyā bhavati. yadā kartābhidhīyate tadā prathamārthatvāt prathamā bhavati. kriyate mahātmanā, karoti mahātmeti.

27 40,2-11 ≈ AS 23,10-16: tatra hi kartṛvyāpāras tiṅā pratipādyate. sa eva ca bhāvanā. tathā cāha: bhāvārthāḥ karmaśabdāḥ. bhāvanaṃ bhāvo ṇyantād ghañpratyayaḥ. tathā ca sati bhāvanaivāsau, bhāvanā ca kartṛvyāpāraḥ. sa coditaḥ svavyāpāre pravartate iti. niyogyasya ca taccheṣatvād apradhānatvād avākyārthatvam. niyogaviśiṣṭatvāc ca bhāvanāyās tathā pratipādane niyamena pravartate. kathaṃ cāsau kartā svavyāpāraṃ pratīyann eva pravartate. anyathā svavyāpāra eva na codito bhavet. syān matam. vyāpāra eṣa mama kim avaśyam iti manyate | phalam vinaiva naivaṃ cet saphalādhigamaḥ kuta iti.

28 41,5-42,3 ≈ AS 24,3-9: yajate pacatīty atra bhāvanā na pratīyate | yajyādyarthātirekeṇa tasyā vākyārthatā kutaḥ || pākaṃ karoti yāgaṃ ca yadi bhedaḥ pratīyate | evaṃ saty anavasthā syād asamañjasatākarī || karoti yāgaṃ svavyāpāraṃ niṣpādayati yāganiṣpattiṃ nirvartayati vyapadeśā ete yathākathaṃcid bhedaparikalpanapurassarāḥ. naitebhyo 'sti padārthatattvavyavastheti. śilāputrakasya śarīram iti bhedavyavahāro bhedam antareṇāpi dṛśyate. yathā dvijasya vyāpāro yāga ity abhidhīyate | tataḥ parā punar dṛṣṭā karotīti na hi kriyā || yadi kriyā ca dravyasya viśeṣād aparā na hi | sāmānādhikaraṇyena devadattatayā gater iti.

29 42,5f. ≈ AS 25,13f.: kiṃ karoti devadattaḥ. yajati pacatīti praśnottaradarśanāt karotīti niścite 'pi yajyādiṣu saṃdehāc ca.

30 42,9-12 ≈ AS 25,16-18: karotyarthayajatyarthau vibhinnau yadi tattvataḥ | anyat saṃdigdham anyasya kathane durghaṭaḥ kramaḥ || na hi karotīti kriyāto vibhinnāyāṃ yajyādikriyāyāṃ saṃdehe tato 'nyatra karotyarthe niścite praśnaḥ śreyān, aniścite eva praśnasya sādhīyastvāt.

31 42,14-44,10 ≈ AS 26,2-15: na sāmānyaṃ viśeṣeṇa vinā kiṃcit pratīyate | sāmānyākṣipyamāṇasya na hi nāmāpratītatā || kevalasāmānyapratītau hi viśeṣāṃśe saṃdeha ity ayuktam, tasyāpratītatvāt. ghaṭapratītau himavadādivat. atha sāmānyena viśeṣa ākṣipyate, tathā sati so 'pi pratīta eveti kathaṃ saṃśayaḥ. na hi pratītatvād apara ākṣepaḥ. atha pratīta evāsau sāmānyena, na tu viśeṣeṇa, tasya sāmānyarūpeṇākṣepāt. nanu tad eva sāmānyam ākṣepakaṃ. tad evākṣepyam iti katham etat. na ca sāmānyād aparaṃ sāmānyam ākṣepyam. tathā sati tato 'py aparaṃ tato 'py aparam ity anavasthā. nanu sāmānyapratyakṣād viśeṣāpratyakṣāt viśeṣasmṛteś ca saṃśayo yukta eva, na tv anupalambhād abhāva eva yuktaḥ sāmānyenānupalambhapramāṇavādinaḥ. athopalabdhilakṣaṇaprāptānupalambhād abhāve, nānupalabdhimātrāt, tathānupalabdher eva saṃśayaḥ. vyartham etat sāmānyapratyakṣād iti. yadi sāmānyapratyakṣatāyām apy upalabdhilakṣaṇaprāptānupalabdhir na syāt, syāt saṃśayaḥ. athopalabdhilakṣaṇaprāptā-

nupalabdhir eva na saṃbhavati sāmānyapratyakṣatāyām, evaṃ tarhi saivānupalabdhilakṣaṇaprāptasyānupalabdhiḥ saṃśayahetur iti prāptaḥ. viśeṣasmṛter iti ca vyartham. na hi viśeṣasmṛtivyatirekeṇāparaḥ saṃśayaḥ. ubhayāṃśāvalambismṛtirūpatvāt saṃśayasya. dṛśyate ca kanyākubjādiṣu sāmānyapratyakṣatām antareṇāpi prathamataram eva smaraṇāt saṃśayaḥ. tasmāt karotīti tad eva yajyādikam aniyamena pratīyamānaṃ sāmānyatodṛṣṭānumānāt sāmānyam.

32 44,12f. ≈ AS 28,15f.: atadrūpaparāvṛttavastumātrapravedanāt | sāmānyaviṣayaṃ proktaṃ liṅgaṃ bhedāpratiṣṭhiter iti.

33 45,7-11 ≈ AS 29,8-11: nanu ca sthāṇupuruṣaviviktam aparam ūrdhvatāsāmānyam yajyādiviśeṣavyatiriktaṃ ca karotisāmānyaṃ na vāstavam asti, buddhyabhedāt. na hi buddhibhedam antareṇa padārthabhedavyavasthitiḥ, atiprasaṅgāt. tad uktam. na bhedād bhinnam asty anyat sāmānyaṃ buddhyabhedataḥ | buddhyākārasya bhedena padārthasya vibhinnateti.

34 46,1-6 ≈ AS 29,13-15: tadviśeṣaparihāreṇa pratibhāsanam eva sāmānyasya tato vyatirekāvabhāsanam, etāvanmātralakṣaṇatvād tadvyatirekasya. yad apy uktam. tābhyāṃ tad vyatirekaś cet kiṃ na dūre 'vabhāsanam | dūre 'vabhāsamānasya saṃnidhāne 'tibhāsanam ity etad apy uktam.

35 47,8f. ≈ AS 30,5f.: buddhir evātadākārā tata utpadyate yadā | tadāspaṣṭapratībhāsavyavahāro jaganmata iti.

36 53,1-11 ≈ R 140b8ff.; R(D) 296a5ff.: gal te de ltar mi slu bas tshad ma yin na sre ba'i śes pa yaṅ de ñid 'di yin no źes ṅes par źugs pas skyes bu'i don 'grub par 'gyur ba'i phyir | ji ltar sre ba'i śes pa tshad ma ma yin | 'di ltar slu ba med pa daṅ | sṅa na (P : nas D) med pa'i don 'dzin pa ni tshad ma yin na 'dir yaṅ cha śas can la sogs pa'i śes pa kun rdzob kyaṅ tshad mar 'gyur te | de la yaṅ mi slu ba mthoṅ ba'i phyir ro || 'on te sre ba'i śes pa źugs par gyur ba'i de ma thag pa ma yin pa'i phyir tshad ma ma yin te | 'dod pa ñid kyis chod pa'i phyir ro źe na ni | de lta na yaṅ mthoṅ

ba ni śin tu chod pa'i phyir tshad mar mi 'gyur ro || 'on te sre ba'i śes pa gtod par byed pa'i śes pa las skyes pa'i phyir tshad ma ma yin na | de bźin du mthoṅ ba yaṅ rtogs pa med pa'i dbaṅ po las skyes pa de ñid tshad mar mi 'gyur ro || de bas na gal te rgyu gźan nas gźan du brtags pa de'i tshe gtod par byed pa ni tshad mar mi 'gyur ro || de bas na tha sñad du phan 'dogs pa'i de ma thag par 'jug pas de'i tshe rtogs pa daṅ bcas pa tshad mar 'gyur ro źes sems na

37 60,4f. ≈ R 144a7ff.; R(D) 299a3f.: 'on te don byed pa'i śes pa ñid yul gcig pa de lta na yaṅ don mtshuṅs pa'i phyir ji ltar śes pa sṅa ma la the tshom za bar 'gyur ro || gźan yaṅ mi bslu ba'i śes pa skyes pa'i tshe (P : tshig D) śes pa sṅa ma med pa de bas na śes pa sṅa ma'i yul med pa can la byed pas dus phyis 'byuṅ ba'i śes pa ji ltar tshad mar thob par 'gyur te | ha caṅ thal bar 'gyur ba'i phyir ro ||

38 60,10f. ≈ R 144a5f.; R(D) 299a1f.: 'on te don byed par mthoṅ ba las sṅar gyi śes pa tshad mar ṅes par 'gyur ro źe na | de lta mod kyi gcig la gcig brten pa'i ñes par 'gyur te | tshad ma ṅes par 'jug pa de las don bya ba byed par rtogs pa de bas na śes pa sṅa ma tshad ma yin pa'i phyir 'khor lo 'khor ba bźin du 'jug par 'gyur ro ||

39 61,7f. ≈ R 144b3ff.; R(D) 299a5ff.: mṅon sum la ni 'khrul pa'i tshogs kyis g.yogs par mthoṅ ba'i phyir tshad mar gźan gyis rtogs par byed pa yin no źe na | de ni mi bden te 'di ltar raṅ gi rtags ṅes pa mṅon sum gyis yin nam | rjes su dpag pa las yin gal te mṅon sum gyis yin na de'i tshe mṅon sum gyis rtags ṅes pa de bas na (D : na *fehlt* P) de la rjes su dpag pa daṅ | rjes su dpag pa las mṅon sum tshad mar ṅes pas gsal bar gcig la gcig brten par 'gyur ro ||

40 62,9f. ≈ R 144b5f.; R(D) 299a7: 'on te rjes su dpag pa las rtags ṅes pa yin na | de'i tshe rjes su dpag pa rtags (D : rtags pa P) gźan la brten pas thug pa med par 'gyur ro ||

41 63,14-65,12 ≈ N 199,16-200,18: **svato** hi **svarūpasya**iva **gatiḥ**, na pararūpasya. sākṣādgatir hi pratyakṣam. sākṣātkaraṇaṃ ca svarūpasya, na pararūpasya prāptikālaviśeṣaṇasya. pramāṇatā ca prāpyapadārthāvyabhicāritā. na ca prāpyapadārthāgrahaṇe tatsaṃbandhagrahaṇam. na ca tathānavasīyamānaṃ (: °navāsīya° MS 45b1) pramāṇam ity avasitaṃ bhavati. purovartirūpāsaṃgitā ca sarvajñānānām aviśiṣṭā. na tayā bhāvirūpasaṃbandhaparigrahaḥ. nāpi bhāvinārthakriyājñānena pūrvārthasaṃbandhaparigrahaḥ (: pūrvarūpa° NMs 45b2). tataḥ svarūpasaṃvedanātmatvān na pratyekaṃ saṃbandhaparigrahaḥ. nāpi samudāyasaṃbhavaḥ, krameṇa sādhanārthakriyājñānayor bhāvāt. taduttarakālabhāvi tu smaraṇaṃ yathānubhavaṃ pravartamānam asaṃbaddham (: °bandham NMs 45b3) eva dvayaṃ vikalpayati. yathānubhavaparityāgāt tu tad upaplutam eveti na tataḥ saṃbandhapratipattiḥ. tatas tatsaṃbandhāgrahaṇāt paścād api dṛṣṭasādharmyāt kathaṃ pratipattir anumānād iti na prāmāṇyapratipattyupāya iti **svarūpasyai**va **svato gatiḥ**, na prāmāṇyasya. atha prāmāṇyaṃ svarūpam eva, bhāvapratyayavācyasya tato 'vyatirekāt. tad ayuktam. jñānasvarūpaṃ prāmāṇyaṃ prāpyarūpasamanvayi | svarūpamātragrahaṇe tad agrāhyam itīritam ||197|| na hi jñānasvarūpam eva prāmāṇyaṃ, prāpyasvarūpasaṃbandhena tattvavyavasthāpanāt. tasya cāgrahaṇam iti pratipāditam eva. tato 'pravṛttinivṛttikaṃ svasvarūpasaṃvedanamātram eva, na bhedavādāvatāraḥ (bhedamaṃ vā° NMs 45b7). tasmān na prekṣāvadbhiḥ kvacit parivartitavyaṃ (: pravarttiteyaṃ NMs 45b7) nivartitavyaṃ vā kutaścit. kathaṃ tarhi prāmāṇyam apramāṇato (NMs 45b7 : aprāmaṇato N) nivṛttaṃ vyavasthāpyate. **prāmāṇyaṃ vyavahāreṇa**. sāṃvyavahārikam etad iti pratipāditam. saṃvyavahāraś ca vicāryamāṇo viśīryata eva. tatra yady etāvatā paritoṣaḥ, tadā na kiṃcit kartavyam iti muktir eva saṃsārāt (: saṃsāraṃ NMs 45b8), tasyātyantam (NMs 45b8 : tasya cātyantam N) asadbhāvāt. atha vyavahāraprasiddhaḥ saṃsāraḥ, tathā sati pramāṇetaravibhāgo 'py asty eveti na pramāṇatvapratipādanāya yatna āstheyaḥ. kiṃ ca sāṃvyavahārikaṃ prāmāṇyaṃ pratipādayatā paramārthata ekam eva svasaṃvedanaṃ pratyakṣam ity uktaṃ bhavati.

42 65,3-9 ≈ R 147a8ff.; R(D) 301b2ff.: de lta na tshad ma ni tshad ma ma (*verb.* tshad ma PD) yin pa las log par ji ltar śes śe na | de'i phyir **tshad ma tha sñad las yin no** źes smos pa la | des ni 'di skad du ston par 'gyur te tshad ma ni kun tu tha sñad pa'o || tha sñad ni ji lta ji ltar rnam par brtags pa de lta de ltar med pa ste | 'khoṅ ba gaṅ du yaṅ don dam par na med pas grol ba ñid du (D : du *fehlt* P) thal bar 'gyur ba ñid do źe na | de'i phyir re źig 'khor ba ni tha sñad du grub par yod la dpyad na stoṅ pa yin pa de bźin du | tshad ma daṅ tshad ma ma yin pa'i cha yaṅ tha sñad du yod pa'o || 'o na don dam pa la tshad ma med do źe na | de de bźin te | tshad ma gaṅ yin pa ni kun rdzob du yin no źes smras so ||

43 66,3-9 ≈ R 147b3ff.; R(D) 301b5f.: gal te yaṅ don dam pa'i tshad ma mṅon sum las sam | rjes su dpag pa las yin na | tha sñad ces pa'i tshig ci ste brjod ce na | de'i phyir **tshad ma tha sñad las yin no** (D : no *fehlt* P) źes pa la tha sñad du grub pa'i rjes su dpag pa'i stobs kyis ṅes par śes pas mṅon par 'dod pa'i don byed pa ni sgrub par byed pa ñid du 'jug ciṅ goms pa phul du byuṅ ba'i tshe | rjes su dpag pa med par yaṅ śes pa 'jug pa'i phyir mṅon sum yaṅ tshad mar brjod do ||

44 66,4-67,9 ≈ N 200,18-201,4: tasmād vyavahāramātraprasiddhānumānāśrayeṇa prasiddhaṃ saṃbandham āśritya tad etad arthakriyāsādhanam iti darśanena sparśādisādhanasya pratipattau pravartate. paścād abhyāsānumānam (: anubhyāsād anumānam NMs 45b11) antareṇāpi pratibhāsamātrād eva pravṛttir iti pratyakṣam api pravartakatvāt pramāṇam. tatra ucyate **prāmāṇyaṃ vyavahāreṇeti**. nanu darśanena rūpam evopalabhyate, na spṛśyam (: sparśam NMs 45b12). tathā vartamānam eva, na bhāvi prāpyam. tathā svadṛśyam eva, na paradṛśyam api. tat katham anyadarśane 'nyaprāptyā prāmāṇyam (NMs 45b13 : pramāṇam N). uktam atra **svarūpasya svato gatir** iti. kiṃ ca, vyavahārata ekatvāt pramāṇatvavyavasthitiḥ | deśādyabhedād ekatvaṃ dravyasya vyapadiśyate (NMs 45b13 : °diṣyate N) ||199|| uktam etat **prāmāṇyaṃ vyavahāreṇeti**. tato vyavahāraprasiddham avayavina ekatvaṃ samāśritya yad (: tad NMs 45b14) eva dṛṣṭaṃ

tad eva prāptam iti vyavasāyāt pramāṇatāvyavahāraḥ. sa caikatvādhyavasāyo deśakālādyabhedāt. tadabhedo ’pi tatsamarthasāmagrījananāt. evaṃ bhāvibhūtayor api tad ekasaṃtānapatitatvena samānārthakriyātaś caikatvābhimānaḥ.

45 66,10-67,9 ≈ R 148a3ff.; R(D) 302a4ff.: de ltar ni ’gyur mod kyi | mthoṅ ba ni reg pa ñams su myoṅ ba la da ltar gyi dus su myoṅ ba phrad pa’i raṅ bźin can snaṅ ba ni ma yin te | raṅ gis mthoṅ bas yul du byas pa’i sṅon po la sogs pa las (D : la P) rgyud gźan pa ’dzin pa ñid kyis (P : kyi D) ṅes pa ni yin no || de bas na reg pa la sogs pa’i śes pas gzugs kyi yul la tshad mar ji ltar ’gyur te | yul tha dad par ’gyur ro źes bstan pa yin no źe na | de yaṅ rigs pa ma yin te | gzugs daṅ | reg pa dag la de ñid du gcig par tha sñad rnam par ’jog pa der yaṅ yul la sogs pa tha mi dad pa’i phyir | gcig tu mṅon par źen pa yin te | mthoṅ ba gaṅ yin pa de ñid daṅ phrad pa’i phyir ro || (P : phyir | D) phrad pa ni sṅar mthoṅ ba de daṅ lhag cig rgyud gcig la ’jug pa’i phyir daṅ | don gcig la ’jug pa’i phyir mṅon par źen pa la ltos nas tshad ma yin no źes bstan to ||

46 67,10-68,7 ≈ R 148a7ff.; R(D) 302a7ff.: phrad par byed pa tshad ma ma yin nam | de yaṅ ci ste don byed pa’i śes pa’i (*verb.* : śes pas PD) byed dam | ’on te byed (*verb.* : mi byed PD) par khas blaṅ bar bya | de la gal te phyogs gñis pa ltar na | de’i tshe don byed pa’i śes pa ma gtogs par mthoṅ bas ji ltar de skyed pa yin | ’on te daṅ po ltar na de ltar na yaṅ mthoṅ ba’i dṅos po ni gaṅ gi tshe don byed par dmigs par byed pa de’i tshe | don byed par śes pa pos ji ltar phrad par śes par bya źe na |

47 68,8-13 ≈ R 148b1ff.; R(D) 302b1ff.: ’dir smras pa | gal te thabs las byuṅ ba la ni ma ’oṅs pa la tshad ma’i byed pa med pas the tshom za’o | de ltar yaṅ thabs ṅes pa’i phyir de ñid tshad ma yin no || ’di ltar mthoṅ bas ni thabs śes par bya’i don byed par bya ba ni ma yin no || rgyu gźan daṅ ’brel ba las sreg pa la sogs pa byed par ji ltar śes par byed pa ñid du nus | thabs ṅes par gyur na thabs las byuṅ ba la the tshom za ba ’jug pa yaṅ mthoṅ ste | so nam byed pa na ’khor ba (P : ba *fehlt* D) las byed pa lta bu’o || de

lta bas na 'khor lo lta bu'i skyon mi 'jug ste | 'di ltar sgrub byed ṅes pa'i don la daṅ po źugs pa ni tshad ma ṅes pa ma gtogs pa yaṅ srid pa yin no || slu ba med pa ñid kyis sṅar bzuṅ ba la goms pa'i (D : pa P) stobs kyis 'jug pa yin te | de'i rigs yin pa'i phyir ro ||

48 68,9-69,21 ≈ N 204,10-205,11: upeye nāma saṃdehas tāvatā na pramā na sā (NMs 46b8 : pramāṇatā N) | niścitatvād upāyasya pramāsau kiṃ na tāvatā ||201|| na khalūpeyasaṃdehaparijihīrṣā, sarvatropāyaniścayamātreṇa pravṛtteḥ. tata upāyaniścaye sati kṛṣīvalādivat (: kṛśivalā° NMs 46b8) prāmāṇikāḥ pravartantām (: pravarttatāṃ NMs 46b9). tad asat. yataḥ, upeyārthitayā sarvaḥ pravartanivartane | karoti puruṣas tasya saṃdehaś cet kathaṃ pramā ||202|| yadartham iṣyate pramāṇam tatropeye saṃdehāt pramāṇam iti kaiṣā vācoyuktiḥ. nanu pramāṇenārtho jñāpayitavyaḥ, na tv arthakriyā kartavyā. arthakriyā hi kutaścit sāmagrīviśeṣāt paścād bhavantī kathaṃ jñāpayituṃ śakyā. tad apy asat. yadartha eṣa prārambhas tadaniṣpattir eva cet | asiddhasādhyasaṃbandhaḥ kathaṃ sādhaka ucyatām ||203|| amutaḥ pramāṇād abhimatārthasiddhim āsādayeyam iti pramāṇatānveṣaṇaparaḥ prekṣāvān, nānyathā. vyasanam eva tv anyathā bhavet. arthaś ca prakāśito yadi nārthakriyākārī, kutas tasyānarthāt taimirikopalabdhakeśāder viśeṣaḥ. atha kadācit tatrārthakriyā bhavati, na timirādau. evaṃ tarhi tadarthī kathaṃ pravartate. na khalu saṃdehāt pravartamānaḥ pramāṇāt pravṛtto bhavati. pramāṇaṃ hi niścāyakam, na saṃdehakṛt. arthakriyākāriṇi niścayaś cet, arthakriyāniścaye kathaṃ tathā niścayaḥ. atha tena pramāṇenārthakriyāsādhanaṃ vastu darśitam. arthakriyā tu yadi kutaścid vaikalyān na bhavati, na pramāṇasyāsau doṣaḥ. tad apy ayuktam. ajñāpakatvaṃ mānasya na doṣo yadi bhaṇyate | na tasyāsty aparo doṣa iti sarvaṃ pramā bhavet ||204|| pramīyate yena paricchidyate samīhito 'rthas tat pramāṇam. na cājñāpakasya paricchedaśaktir ity apramāṇam eveti.

49 71,6f. ≈ N 295,22f.: suṣuptasya ciram utthitasya ye vikalpās teṣāṃ pūrvābhyāsād utpādo na syād anantarabhāvitvābhāvād iti.

50 71,8f. ≈ N 295,27f.: na ca vyāpāra utpādaś ca svarūpād anyaḥ, tataḥ svarūpāt svarūpam iti prāptam.

51 71,9-11 ≈ N 296,3f.: nāpi kāryakāle kāraṇaṃ pūrvakam api svarūpato 'sti. avinābhāvitvamātraṃ tu bhāviny api vidyate.

52 72,1-74,5 ≈ N 296,4-297,2: atha dṛṣṭaṃ bhūtaṃ vā yat tad vyāpakaṃ sat kāraṇaṃ, na tu bhāvīti. atrocyate: dṛṣṭasya na (NMs 73b8 : na *fehlt* N) svarūpeṇa vyāpakatvaṃ pratīyate | āropitena rūpeṇa bhāvino 'pi bhaved idam ||207|| dṛśyamānaṃ hi na tāvatā vyāpakam, vyāpyasya tadānīm apratīteḥ. yadā ca vyāpyapratītiḥ, tadā tad bhāvibhūtarūpeṇa vyāpakam, anyathā bhāvisvarūpāgrahaṇe vyāpitā na (NMs 73b9 : na *fehlt* N) syāt. atha yenaiva svarūpeṇa dṛṣṭam, tenaiva vyāpakatvaṃ pratīyate, na bhāvirūpeṇeti. tad asad. yataḥ, bhāvirūpāpratītau na vyāpakatvaṃ pratīyate | prādeśikī na hi vyāptir avyāptiḥ sā tathā bhavet ||208|| bhūtabhaviṣyatkālavyāpitvena hi pratīyamānaṃ kāraṇam, nānyathā. sā ca vyāptir dṛṣṭasya drakṣyamāṇasyāpi samānā. drakṣyamāṇasya kathaṃ kāraṇatvam. dṛṣṭasyāpi tadānīm asattvāt. katham iti samānam. sattvāt cet, drakṣyamāṇasyāpi sā. tadā nety etad api (NMs 73b12 : ed api N) samānam. pūrvatā cet, kaḥ pūrvaparayoḥ svabhāve viśeṣaḥ. dvayam apy āropitākāreṇa gṛhyate, nāpareṇeti na bhedaḥ. athaikaṃ pūrvarūpatayā dṛṣṭam āropyate, aparaṃ drakṣyamāṇatayāpararūpatayā ca. tena dvayor api nāsti kāraṇateti. atrocyate (NMs 73b13 : atrocyate *fehlt* N). anyonyam avinābhāvo dvayor api tayoḥ samaḥ | avāntaravibhāgas tu tatra naḥ kvopayogavān ||209|| yena vinā yan na bhavati, tat tasya kāraṇaṃ. yathā ca kāraṇasya pūrvabhāvaṃ vinā kāryaṃ na bhavati, tathāvaśyaṃbhāvinaḥ kāryasya parabhāvaṃ vinā na kāraṇaṃ bhavatīti samānaṃ kāryakāraṇanibandhanam. samānatvān nimittasya kāryakāraṇatā dvayoḥ | vyāpitvavyatirekasya paralokānumāpy ataḥ ||210|| na khalu vyāpitāṃ vyatirekaṃ ca vyudasyāparam atra jagati nibandhanam upalabhāmahe. tac ca kāraṇavad avaśyaṃbhāvinaḥ kāryasyāpy asti. tenobhayoḥ parasparakāryakāraṇabhāva iti.

53 75,5-17 ≈ R 149a3ff.; R(D) 303a2ff.: 'on te don byed pa'i śes pa rtags las byuṅ ba ni ma yin źiṅ | sṅa ma'i śes pa tshad mar

mṅon sum gyis rtogs pa ni ma yin te | sṅar mthoṅ ba 'das pa'i phyir daṅ | gsal ba ñe bar gyur pa ma gtogs par nar son pa'i tshad ma mi śes pa'i phyir ro || 'o na ci źe na | sreg pa la sogs pa myoṅ bas tshad ma la the tshom za ba bsal to || tshad ma ni don med na mi 'byuṅ ba ñid de yaṅ raṅ ñid las yin no źe na | 'dir smras pa | the tshom bzlog pa tsam la rtogs sṅon du 'gro ba dag 'jug pa ni ma yin te | 'o na ci źe na | mṅon sum daṅ | rjes su dpag pas so | de la gal te mṅon sum ñid kyis 'jug na de'i tshe mṅon sum kho nas tshad mar ṅes so źes bstan par 'gyur ro ||

54 77,1-8 ≈ R 149b5ff.; R(D) 303b1ff.: gal te de ltar tha sñad kyis tshad ma rnam par 'jog pa yin na de'i bstan bcos kyis ci źig bya ste | 'di ltar bstan bcos kyis bśad pa yaṅ tha sñad las tshad ma khoṅ du chud pa'i phyir ro | źe na | 'dir **bstan bcos rmoṅs pa** źes smras te | rmoṅs pa ni sgro btags pa'o || bzlog pa ni 'dis bzlog pa yin no || 'di'i dgoṅs pa ni gal te tha sñad kyis phyin ci ma log pa'i tshad ma'i rgyur gyur pa'i bstan bcos kyi phan tshun 'gal bar tshad ma'i mtshan ñid bstan pa sel bar byed pa yin te | de bas na phyin ci log tu sgro btags pa rnam par bcad pa'i phyir bstan bcos byas so ||

77,1-78,5 ≈ N 201,7-25: yadi tarhi **vyavahāreṇa prāmāṇyam**, pramāṇalakṣaṇaśāstraṃ kimartham. śāstranirdiṣṭam api na vacanamātrāt (: °mātrā NMs 45b16) tathā bhavati, api tu vyavahārāvisaṃvādād eva. sa ced asti, vyarthaṃ śāstram ity āha, **śāstraṃ mohanivartanam** | yadi vyavahārataḥ pramāṇasvarūpam avagamyate, kasmāt parasparavirodhīni lakṣaṇaśāstrāṇi. tato vyavahāre 'pi vimatir eva vyavahāriṇām. tathā hi, na sarvo **vyavahāreṇa prāmāṇyam** avagacchati (: eva gacchati NMs 45b18) | pramāṇalakṣaṇaṃ tena parasparavirodhavat ||219|| pratyakṣādipramāṇena paraloko na gamyate | āgamād aparaḥ prāhety ato na vyavahārataḥ (: vyavahāra NMs 45b19) ||220|| tasmāt, vyavahāraparāmarśāc chāstraṃ mohanivartanam | pūrvāparasyāsmaraṇaṃ śāstreṇānena vāryate ||221|| ata eva śāstreṇaiva sarvajñoktena moho nivartyate, nānyenety anena prakāreṇa sarvajñavacanam eva pramāṇam iti paramārthataḥ sarvajñajñānam eva pramāṇam, nāparam iti paramārthaḥ. anyasya na pramāṇatvaṃ prameyāvyāptisaṃbhavāt | avyāpinā na kāryādisambandhasya parigrahaḥ ||222||

kāryakāraṇabhāvo hy (NMs 46a1 : hi N) atītānāgatavartamānakāladeśavyāpisāhacaryarūpo na khalv asarvajñajñānasya viṣayaḥ, vartamānasaṃnihitadeśagrahaṇāt pratyakṣasyānumānasya cānavatārād iti.

55 78,9-11 ≈ R 150a1ff.; R(D) 303b4f.: ’on kyaṅ tshad ma’i mtshan ñid ni | **ma śes don gyi gsal byed** ’di yin te | ’dis gsal bar byed pas ma bzuṅ ba’i don ’dzin pa’i śes pa’o źes bya ba’i tshig go | **mi śes pa** ñid smos pas der kun rdzob kyi cha śas can gyi śes pa la sogs pa bsal (P : bstsal D) to ||

56 78,14-16 ≈ R 150a3f.; R(D) 303b6: **slu ba med pa** smos pa ma gtogs par zla ba gñis mthoṅ bar gyur pa yaṅ tshad mar thal bar ’gyur ba ma yin nam | ’on (D : don P) te **don** smos pas de bsal (P : gsal D) ba yin na | de la don daṅ bral ba (D : bal pa P) ji ltar rtogs |

57 79,1-13 ≈ R 150a4ff.; R(D) 303b6ff.: mi slu ba las yin na | ’o na de ñid slu ba med pa tshad ma’i mtshan ñid du ’gyur ro źe na | de ni bden pa ma yin te | bsam par bya ba mtshan ñid ma yin pa’i phyir ro || gal te bsam par bya ba yaṅ | tshad ma’i mtshan ñid mi slu ba ñid yin na | de’i tshe dṅos po la sogs pa yaṅ mtshan ñid du ’gyur ro || de lta bas na gaṅ dṅos su byuṅ (P : gyuṅ D) ba de ni mtshan ñid de | gźan du śugs las byuṅ ba ni ma yin no || ci ste yaṅ dṅos po ni tshad ma’i mtshan ñid la mṅon sum du grogs byed pa ma yin yaṅ | gźan nas gźan du brgyud pa yaṅ yin pa ma yin nam | dṅos po yaṅ tshad ma khoṅ du chud pa la phan ’dogs so źe na | de lta na yaṅ **mi śes pa’i don** smos pas ni gzuṅ ba ’dzin pa’i śes pa gsal (P : bstsal D) ba yin gyi | **mi slu ba** smos pas sel ba ni ma yin te | kun rdzob daṅ | cha śas can la bslu ba med pa mthoṅ ba’i phyir ro || bslu ba med pa’i śes pa kho nas de’i don ñid du byed pa ni ma yin te | gźan du yaṅ mthoṅ ba daṅ ’brel pas mi bslu ba srid pa’i phyir ro ||

58 79,15f. ≈ R 150b1; R(D) 304a3: yaṅ na **don** ni don dam pa la brjod de **mi śes pa’i don gsal bar byed pa** ni don dam pa rtogs pa la bśad do || don dam pa ni gñis su med pa kho na’o ||

59 80,1-10 ≈ R 150b2ff.; R(D) 304a4f.: gal te **mi śes pa ñid kyi don gsal ba** tshal ma yin na ni ci'i śes pa ste | rigs la sogs pa'i śes pa yaṅ | gtod par byed pa'i śes pas ma mthoṅ ba mthoṅ ba'i phyir tshad mar thal bar 'gyur ro || de'i śes pa ni dran pa'o źes brjod par mi nus te gtod pa'i śes pas rigs ma rtogs pa'i phyir ro (D : ro || P) źes pa de bstan pa'i phyir | **raṅ gi ṅo bo rtogs las gźan || spyi yi śes pa'aṅ thob par 'gyur ||** źes smos pa la |

60 81,4-7 ≈ R 151a2f.; R(D) 304b2f.: **raṅ gi mtshan ñid dpyod phyir ro ||** źes bya ba la | yod pa ñid daṅ | med pa ñid kyi gźal bya mthoṅ ba'i śes pa ni tshad mar brjod do || raṅ gi mtshan ñid la yod pa ñid daṅ | med pa ñid dpyod de | don byed pa sgrub pa'i phyir ro || spyi la ni sreg pa la sogs pa'i byed pa daṅ bral ba'i phyir des tshad ma la phan 'dogs pa med do ||

61 82,1-4 ≈ R 151b1ff.; R(D) 305a1f.: gaṅ gi tshe yaṅ don dam pa'i tshad ma'i mtshan ñid du 'dod pa de'i tshe raṅ rig pa'i ṅo bo ñid khoṅ du chud pa las de las gźan pa'i spyi gzuṅ ba daṅ | 'dzin pa ni mṅon par źen pa na (P : ni D) yaṅ dag par rig par khoṅ du chud pa ni gzuṅ ba daṅ | 'dzin pa len pa'i phyir tshad mar 'gyur bar blta bar bya'o źe na | **śes pa'i raṅ gi mtshan ñid mi śes par śes pa gaṅ** mṅon (D : don P) du 'dzin pa de ni tshad ma ma yin no **źes bya bar dgoṅs pas** 'dzin pa la sogs par 'byuṅ ba ni ma yin no ||

62 82,9-83,8 ≈ R 151b4ff.; R(D) 305a2ff.: 'o na ji ltar bcom ldan 'das kyis pha rol gyi don gsuṅ ba mdzas ce na | gdul bya'i skye bo'i dor phyi rol gyi don la mṅon par źen pa gzuṅ par bya ba'i phyir | phyi rol gyi don du bstan te | don dam pa la ni gzuṅ ba daṅ | 'dzin pa daṅ bral bas raṅ rig pa ñid yin no | de ñid gaṅ las śes śe na | **raṅ gi mtshan ñid dpyod pa las** te | dpyod nas gzuṅ ba daṅ 'dzin pa'i dṅos po thams cad ñams par 'gyur bas gñis su med do ||

63 83,15-84,2 ≈ R 151b7ff.; R(D) 305a5f.: mṅon sum daṅ rjes su dpag pa tha sñad (P : tha dad pa D) tsam du tshad ma ma yin nam | ji ltar bcom ldan 'das tshad mar 'gyur źe na | bcom ldan

’das ni yaṅ dag pa’i tshad ma yin te | ’di ltar (D : ’dir P) **de ldan bcom ldan tshad ma yin** źes smos pa ji ltar na mṅon sum daṅ | rjes su dpag pa tshad ma yin pa de bźin du ye śes kyi gzugs can bcom ldan ’das kyaṅ mi bslu bar mdzad pas de bźin gśegs pa ni | raṅ las ṅes pa’i mṅon sum gyi tshad ma kho na’o ||

Register

Zitate